EL TRATAMIENTO JURÍDICO DEL CLOUD COMPUTING EN IBEROAMÉRICA Y PERÚ: PROTECCIÓN DE DATOS PERSONALES

EL TRATAMIENTO JURÍDICO DEL CLOUD COMPUTING EN IBEROAMÉRICA Y PERÚ: PROTECCIÓN DE DATOS PERSONALES

1.ª EDICIÓN

Brenda Isabel Murrugarra Retamozo

COLEX 2022

Calle Costa Rica, número 5, 3.º B (local comercial)
A Coruña, C.P. 15004
info@colex.es
www.colex.es

I.S.B.N.: 978-84-1359-491-0
Depósito legal: C 551-2022

A las personas que siempre he querido en esta vida,
puesto que son quienes me apoyan
para seguir cumpliendo mis metas.

SUMARIO

PRÓLOGO

El objetivo de esta monografía es establecer una aproximación a la regulación normativa sobre el servicio de «la nube» (*cloud computing*) tanto a nivel internacional como en el sistema jurídico de Perú. Dicha monografía se concretará a través de la exposición de los instrumentos normativos pertinentes que se aplican a este sistema de almacenamiento y transferencia de datos en el ámbito internacional y nacional.

Asimismo, se pretende exponer algunos de los posibles inconvenientes que se suelen dar en relación a esta herramienta tecnológica en el marco del derecho a la intimidad y privacidad de los usuarios; para lo cual será útil también ver si existen disposiciones legales adecuadas para salvaguardar tales derechos en el contexto de la «nube».

De otro lado, se hará alusión a la vinculación que puede generarse entre el *cloud computing* y el derecho al olvido, ello como posible alternativa que permita proteger a los usuarios de la «nube» que hayan visto lesionados sus derechos.

Lo que se desea con esta monografía es ser claro con el lector; y es que de una forma general se le brindarán los conceptos pertinentes sobre dicho sistema de almacenamiento y transferencia de datos, ya que no solamente se tratarán aspectos legales si no que en un principio será necesario conocer qué es y cómo funciona la «nube», lo cual será relevante para un mejor entendimiento frente a lo que se está. Y por medio de las normas que existen, en protección de datos personales, se tratará de establecer su regulación, puesto que como se verá hablar de *cloud computing* es hablar de datos personales. También se problematizará sobre algunas cuestiones necesarias para proteger a los usuarios del *cloud computing*, a fin de que el lector se involucre más con el tema y empiece el mismo a explorar esta herramienta tecnológica desde un marco legal aún incipiente.

Por ello, en esta obra no se pretende sino mostrar la existencia de esta herramienta tecnológica y su posible regulación, así como destacar algunos temas relacionados a esta herramienta siempre desde un ángulo jurídico.

Finalmente, a fin de desarrollar la presente obra, se emplearon los siguientes métodos: el método inductivo-deductivo, el método hermenéutico-jurídico y el método analítico-sintético. Lo anterior a través de materiales bibliográficos como artículos, libros y normas.

1. INTRODUCCIÓN

Qué duda cabe que el mundo cada día se transforma desde diversos ámbitos, siendo la evolución y transformación tecnológica una prueba de ello. Tal situación ha tenido un impacto en diversos aspectos de la vida de las personas, desde la forma en cómo se relacionan hasta como son percibidos por los otros. Y es que todos, en alguna medida, se han vuelto dependientes de las tan conocidas «nuevas tecnologías». Dicha influencia de las novísimas tecnologías ha hecho que disciplinas como la sociología, psicología, el derecho y demás, hayan volcado su interés en estudiarlas, claro está desde diferentes ángulos. Por ejemplo, desde el derecho lo que se ha hecho es crear normas que regulen tales tecnologías desde el aspecto de cómo estas son empleadas por las personas; debido a que como se sabe, el objeto del derecho es regular la conducta humana por medio de las normas jurídicas.

Por tanto, puede referirse que es a través de las normas jurídicas que se logra establecer las regulaciones adecuadas sobre cada aspecto que se pueda vincular con las acciones y cómo se desenvuelven los seres humanos, y justamente las herramientas tecnológicas entran en ese campo puesto que son usadas por personas que buscan interactuar entre ellas.

Después de lo referido brevemente líneas arriba, puede mencionarse que lo que se pretende concretamente con esta monografía es ofrecer al lector una aproximación respecto a la regulación normativa de los servicios ofrecidos por medio de «la nube» (*cloud computing*), tanto a nivel internacional como en el sistema jurídico del Perú. Esto último será factible por medio de un análisis de las disposiciones legales que pueden serle de aplicación.

Con la revisión de la normativa internacional, que es la más actualizada en el campo de la tecnología, se verá cómo se regula el *cloud computing* en otros países y en el Perú, para dentro de ese mismo análisis manifestar si las normas examinadas son adecuadas y suficientes para otorgar una real protección a los datos personales de los usuarios. Para lo anterior, lo ideal será evaluar lo que refieren normas como el novísimo Reglamento General de Protección de Datos Personales del 2016 (en adelante, RGPD), aplicado a las naciones de la Unión Europea, y otros instrumentos emitidos en tal región. Asimismo, se evaluará la Ley de Protección de Datos Personales de Perú, Ley N.° 29733 (en adelante, LPDP); y algunas otras disposiciones jurídicas que en este tiempo se han venido expidiendo en materia de protección de datos personales en dicho país, y que por supuesto podrían ser aplicables al *cloud computing*. También será oportuno considerar algunas normas de protección de datos personales de algunos países latinoamericanos para examinar cuál es el estado de la cuestión jurídica del servicio de la «nube» en Latinoamérica.

De la misma manera, con la evaluación de las normas nacionales e internacionales se procederá a presentar, sucintamente, algunos problemas que atraviesan algunos clientes del servicio de la «nube», ello en relación al derecho a la intimidad y privacidad. Lo mencionado con el objetivo de examinar si las disposiciones legales otorgan o no las soluciones correctas ante los inconvenientes que pueden surgir frente a la vulneración de tales derechos.

Por otra parte, se expondrá una evaluación relacionada a la incidencia que podría tener el denominado «derecho al olvido» sobre el *cloud computing*, pues como es sabido, el referido derecho ha venido siendo empleando con el objetivo de que los usuarios de Internet protejan sus diversos derechos, y con ello salvaguarden a la vez sus datos personales ante ciertas proliferaciones indiscriminadas sobre su información en la red, o a través de distintos instrumentos digitales como la «nube».

En el final de esta obra se esbozarán las conclusiones arribadas sobre el análisis de la regulación aplicable al servicio de la «nube», donde a la vez se expondrán, en líneas generales, algunas probables alternativas para salvaguardar los intereses de los usuarios de Internet, lo cual obviamente será a partir del análisis realizado a lo largo de la obra.

En suma, y como bien se ha mencionado, en esta obra no se pretende más que hacer un examen jurídico la regulación del *cloud computing* a partir de los instrumentos normativos vinculados a la protección de datos personales. Es así que no se pretende ensayar ninguna fórmula ostentosa, sino solo dar a conocer el espacio que la «nube» puede ocupar en el mundo del derecho.

2. MÉTODO

Con el propósito de llevar a cabo esta obra, se emplearon tres métodos científicos. Dicho ello, a continuación se pasan a describir los métodos usados, los cuales fueron los siguientes:

1. **El método inductivo-deductivo**: En este método se constata la unión entre la inducción y la deducción de una manera complementaria. Por intermedio de la inducción se produce la generalización de las ideas, ello iniciando del nexo que une a dichas ideas para finalmente obtener conclusiones lógicas (**Rodríguez y Pérez**, 2017, p. 188).

   El mencionado método se usó para la obtención de las conclusiones de la monografía que, como referían los autores, facultó al investigador a producir la generalización de la información hallada.

2. **El método hermenéutico-jurídico**: Por medio de este método se averigua el verdadero significado del derecho, lo que generalmente hace referencia a la interpretación de la normativa jurídica (**Hernández**, 2019, p. 45).

   En esta monografía se utilizó tal método a razón que se procedió a interpretar las normas para establecer la regulación jurídica del *cloud computing*, y ello también con la meta de averiguar el real sentido de las normas en relación al tema que fue materia de estudio.

3. **El método analítico-sintético**: De acuerdo a lo dicho por **Martínez** (como fue citado en **Rodríguez** y **Pérez**, 2017, p. 186), tal método sirve para analizar la documentación que se vincula a un estudio, lo que permite obtener los elementos más destacados que se relacionan con el tema que se está investigando.

En esta obra se utilizó tal método de manera general, puesto que se examinó la bibliografía adecuada (artículos, libros y leyes) para después pasar a la esquematización de la monografía.

4. **El método estudio de casos**: Las investigaciones efectuadas por medio de este método suelen ser de dos formas:

    - Descriptivas, cuando lo que se busca es establecer y explicar las diferentes circunstancias que influyen en la problemática investigada.
    - Exploratorias, cuando en los estudios lo que se desea es obtener una aproximación entre las teorías presentadas en el marco conceptual y la realidad que está siendo estudiada (**Carazo**, 2006, p. 171).

    Tal método fue empleado cuando se expusieron algunos casos en los que se habían ejercido los derechos ARCO, y cuando se desarrolló la aplicación del derecho al olvido en algunos contextos.

Cada uno de los métodos empleados sirvió para examinar los dispositivos normativos aplicables a la «nube», adoptando criterios interpretativos de las normas y estableciendo su relación con dicha herramienta tecnología, para, asimismo, a través de ciertos ejemplos y casos presentar supuestos que comprenden al *cloud computing*. Todo ello con el fin de acercarse lo más posible a la regulación jurídica de la «nube», la cual tal vez no resulte muy familiar en algunos sectores de la comunidad jurídica.

3. HISTORIA DEL *CLOUD COMPUTING*

Los inicios del *cloud computing* se encuentran centrados en los estudios que bien efectuaran J.C.R. Licklinder y John McCarthy respecto a tal instrumento tecnológico, ello cuando culminaba el siglo XX. Desde la perspectiva de McCarthy, la tecnología de tiempo compartido era capaz de crear la unión de distintos accesos que iban dirigidos a una única central de procesos (*Central Processing Unit*), a este descubrimiento se sumó el aporte de Licklinder, quien tuvo a su cargo, entre otras cosas, el estudio de las propiedades de la «nube».

Así también, al científico Joseph Carl se le ha atribuido ser parte del desarrollo y evolución de esta herramienta tecnológica, y es que este genio del Internet se encontraba tratando de descifrar las distintas propiedades que poseían los ordenadores, con lo que llegó a descubrir una nueva e innovadora manera de unir a seres humanos por medio de la transferencia de datos, lo que además facilitó que las personas puedan comunicarse a un nivel altamente superior en todo el mundo. Después de todo ello, la industria tecnológica siguió creciendo, hasta que se abrió camino ARPANET, una herramienta digital que permitía la comunicación y transmisión de información entre diversas instituciones académicas y estatales, lo cual hizo factible que la «nube» pudiese adquirir poco a poco la forma y alcance que hoy en día posee.

Con todo lo expuesto, puede verse que, en la actualidad, las grandes compañías tecnológicas que ofrecen servicios de Internet en mayor escala, tales como; Google, Amazon, entre otras, han ido desarrollando y perfeccionado sus propias infraestructuras de «nube», lo cual ha concretado los estudios iniciales de los pioneros Licklinder, McCarthy y Carl. En ese sentido, puede referirse que el *cloud computing* ha transitado por una gran evolución para brindar un mejor servicio de acceso de datos a los usuarios alrededor del globo, igualmente, su origen se le ha atribuido a más de un sujeto, pero lo que es real y palpable es que gracias a tales avances ahora las personas pueden disponer con total sencillez de una herramienta que en temas de confianza les proporciona optimas ventajas en seguridad, salvo algunas excepciones.

Así, los beneficios del *cloud computing* han recaído en mayor proporción para las distintas compañías u organizaciones, las cuales pueden almacenar una gran cantidad de datos que tienen que ver con temas de recursos humanos, sus procesos de selección, contabilidad, finanzas; así también, estas pueden almacenar diversa información respecto a sus productos y servicios con la meta de ofertarlos a sus clientes.

Ahora, es menester señalar que hoy en día el *cloud computing* es muy popular por ser un sistema que tiene una eficaz infraestructura virtual, y que entre otras cosas es de utilidad para:

- Llevar a cabo la ejecución de diversas aplicaciones.
- Proceder con el almacenaje de información por intermedio del procesamiento de datos.

Debe resaltarse también que, el uso creciente del servicio de la «nube» se ha dado principalmente porque a lo largo de los años los gigantes de la industria tecnológica han tenido la necesidad de lograr su internalización, con lo que en sus servicios ofrecidos han incorporado a la «nube». Asimismo, el avance tecnológico ha hecho que tales compañías, a fin de agilizar procesos, empleen cada vez más diversas tecnologías de la información y procesamientos de datos. Y de todo ello se ha desprendido que las organizaciones busquen cada día más contar con sistemas de computación de alta calidad, siendo que las arquitecturas de cálculo del servicio de la «nube» se han presentado como la mejor herramienta para ejecutar de forma simultánea procesos en equipos informáticos, no solo ordenadores sino también teléfonos móviles y otros dispositivos que son usados en diversas instituciones.

3.1. Sobre el *cloud computing*

En este apartado será pertinente comenzar a dilucidar el concepto del *cloud computing*, así y prosiguiendo con lo indicado por el *National Institute of Standards*, el *cloud compu-*

ting puede ser conceptualizado como un sistema informático que hace que el acceso a Internet sea sencillo, sin importar el lugar donde se encuentre el usuario, y para su acceso solo se necesita de un grupo compartido de instrumentos informáticos (**Rengifo**, 2013, p. 223). De la misma forma, el acceso a la información o *data* no es lo único que permite el *cloud computing*, sino que también esta herramienta proporciona al usuario la posibilidad de almacenar los datos en las aplicaciones de distintos dispositivos y otras plataformas digitales, todo ello a través del Internet. Por ello, una de las ventajas de usar esta tecnología radica en que los servidores no están limitados o restringidos para procesar las solicitudes de acceso sobre la información guardada.

Con lo mencionado puede decirse también que, por medio del servicio de la «nube» es factible llevar a cabo comunicaciones por correo electrónico, modificar documentos como Word o Excel, guardar información variada, ver películas o programas de televisión vía *streaming*, escuchar canciones, elaborar copias de seguridad, asimismo, se puede recuperar la información que haya sido borrada. De otro lado, este sistema tiene la gran opción de alojar sitios web y blogs.

De igual manera, se debe de tener en cuenta que el *cloud computing* hace no hace solo alusión a las aplicaciones que se brindan en calidad de servicio por medio de Internet, sino que además hace referencia a aquellos servicios que son ofrecidos por medio del *hardware* y el *software* de los centros de datos, porque es de recordar que los primeros servicios que se ofrecían por medio de Internet eran los tradicionales «*Software as a Service*» (SaaS), y actualmente son el hardware y software del centro de datos los que constituyen la «nube» (**Armbrust** et al., 2009, p. 1). Es así que esta herramienta tecnológica posee un sinnúmero de formas a través de la cual puede ser empleada, siendo el Internet u otros servicios como el *hardware* y *software* los que posibilitan el almacenamiento de datos de los usuarios. Por tanto, se ve que no depende en sí el medio por el cual se use el servicio, ya que todos esos medios cumplen con el objetivo de guardar datos, utilizar aplicaciones, entre otros, pero lo que sí es claro es que la preferencia de uno u otro método dependerán del tipo de «nube» que los usuarios deseen utilizar.

Continuando con la conceptualización de la «nube», por su parte, **Guasch** y **Soler** (2016) informaron que el *cloud computing* puede ser entendido como un sistema tecnológico por medio del cual se puede acceder a una serie de recursos compartidos y modelables, recursos que son raudamente otorgados y liberados, de igual forma, el *cloud computing* dispone de una ínfima administración del proveedor (p. 332). Así, y hasta este punto, se aprecia que esta novedosa clase de tecnología ha venido siendo transformada y perfeccionada a tal punto que solo basta que los usuarios tengan conexión a Internet para tener acceso a la inmensa gama de servicios que las empresas tecnológicas ofrecen, permitiéndose también el ahorro de recursos.

Se debe precisar que este sistema tecnológico depende en gran medida de un aplicativo web; dentro de la variada escala de servicios ofertados por plataformas digitales como; Amazon, Facebook, Google, IOS, WhatsApp, y más (servicios vinculados a la portabilidad de contenido). Por otra parte, es de puntualizarse que en un primer momento la puesta en funcionamiento de la «nube» era por elección, lo que quiere decir que; el propio usuario poseía la alternativa de decidir si utilizar la plataforma digital sin ser esencial el empleo de la «nube», o podía utilizar la plataforma digital y la «nube», simultáneamente. Empero, ahora la opción de usar la plataforma digital sin la «nube» cuenta con restricciones debido a que son escasos los programas que brindan la facilidad de usar la aplicación base sin requerir el servicio de la «nube». Lo mencionado anteriormente se debe básicamente a los siguientes aspectos:

- El crecimiento de la informática y evolución de la «nube».
- El cambio del almacenamiento físico a favor del almacenamiento en la «nube».

3.2. Tipos de *cloud computing*

Luego de haber revisado en qué consiste la «nube» y cómo es que está constituida, es menester hacer referencia a que el *cloud computing* cuenta con cuatro tipos de sistemas. Cada sistema tiene propiedades especiales que harán que el usuario decida cuál debe adquirir. Es necesario aclarar que la contratación de un servicio en preferencia de otro dependerá de quién sea el usuario, en otras palabras; si el adquiriente del servicio es una persona física o jurídica, así como también dependerá de la operatividad a la cual se quiera acceder.

En el mundo existen cuatro tipos de «nube», las cuales son las siguientes:

a) **Nube Pública**: Este tipo de «nube» facilita que el proveedor del servicio dé al cliente la posibilidad de acceder a distintas aplicaciones, y que tal cliente también pueda alojar sus datos. Además, este tipo de «nube» se podrá emplear por cualquier persona debido a que es pública. No obstante, tal acceso se genera con restricciones. Un muy buen ejemplo de este tipo de «nube» es el famosos Google Drive (**Morales y Altamirano**, 2016, p. 37).

b) **Nube Privada**: La concepción de este tipo de «nube» es para los organismos o instituciones estatales de gran envergadura, las cuales ciertas veces administran servicios de forma particular. La «nube privada» da la opción de que su ejecución y manejo se efectúe por terceras personas o entes (**Navas**, 2015, p. 12).

c) **Nube Híbrida**: En este tipo de «nube» se mezclan, por así decirlo, tanto la «nube pública» como la «nube privada», manteniendo cada una sus características, lo que a la vez les permite realizar en conjunto las diversas tareas (**López**, 2013, p. 698). Esta «nube» cuenta con la ventaja de que su sistema crezca en caso de ser contratada por terceros.

d) **Nube Comunitaria**: Este tipo de «nube» fue diseñada con el fin de tener una meta común, donde se presentan iguales fines sobre la misión, visión y seguridad de la institución que la use, es decir; debe poseerse una similitud en los intereses (**Rodríguez**, 2019, p. 155).

En ese sentido, se entiende que los diferentes tipos de sistemas del *cloud computing* le ofrecen al usuario una gama de funcionalidades que estos pueden emplear dependiendo del «tipo de usuarios» que sean. Tal es así que, por ejemplo, una entidad del Estado a fin de almacenar la información del Estado adquirirá el servicio de la «nube privada», pues se entiende que los datos que guarda poseen cierta reserva. En el caso de las organizaciones privadas puede suceder lo mismo, es decir; pueden optar por usar una «nube privada» debido al grado de confidencialidad que poseen sus datos. En tanto que es más común que usuarios tradicionales de Internet usen una «nube pública», ya que no les genera más costos y pueden acceder a distintas aplicaciones.

3.3. Modalidades del *cloud computing*

Habiendo hecho una descripción de los tipos de «nubes» existentes, para entender cómo es que funciona tal servicio, es preciso describir cada una de sus modalidades. Dicho ello, en particular el *cloud computing* posee tres tipos de servicios.

La primera modalidad de servicio es el de Infraestructura como Servicio (IaaS), la segunda modalidad de *cloud computing* es la referida a la Plataforma como Servicio (PaaS), y finalmente, la tercera modalidad es la concerniente al Software como Servicio (SaaS). Mucho depende de la modalidad a contratarse para que el usuario use o cree aplicaciones, es más, dependiendo de la modalidad el usuario podrá alojar una mayor cantidad de información, si es que así lo requiere.

a) **Infraestructura como Servicio (IaaS):** Esta modalidad de «nube» faculta al usuario a usar y ejecutar diversos softwares brindados por el proveedor del *cloud computing* (MORALES Y ALTAMIRANO, 2016, p. 39).

b) **Plataforma como Servicio (PaaS):** Esta modalidad cuenta con el beneficio de que el usuario, al proveedor haberle dado determinados accesos, pueda elaborar el mismo sus aplicaciones o servicios, puesto que tiene al alcance los instrumentos esenciales para ejecutar tales aplicaciones o servicios creados. De igual modo, el cliente tiene la facilidad de usar su propia plataforma en la red, y no es requisito que adquiera y maneje su propia plataforma; debido a que por ello puede abonarle una cantidad económica al proveedor del servicio (RENGIFO, 2013, p. 224).

c) **Software como Servicio (SaaS):** Dicha modalidad de «nube» permite al usuario utilizar las aplicaciones dadas por el proveedor del servicio. Un buen ejemplo de ello es Google Docs. De la misma manera, cabe destacar que esta es una las modalidades más usadas por los usuarios, ya que aquellos pueden ingresar a sus aplicaciones a través del Internet (DOMÍNGUEZ, 2018, p. 27).

Nuevamente, y ahora con respecto a las modalidades que tiene la «nube», siempre será el adquiriente del servicio quien decida cuál de ellas se ajustará a sus necesidades. En el caso de los usuarios comunes que emplean las herramientas del propio Google (sea en cuentas de correos electrónicos o por Google Docs), ellos para acceder al servicio de la «nube» no necesitan más que únicamente crearse una cuenta de correo electrónico y por ese medio lograrán almacenar sus datos, siendo así que es de simple acceso y está al alcance de todos, por ello, en estos tiempos nadie es ajeno al funcionamiento del *cloud computing*.

3.4. Beneficios e inconvenientes del *cloud computing*

Al ser el *cloud computing* un sistema en la red, proporciona una gama de beneficios que no solo son para el usuario, sino también para quien provee el servicio. Los beneficios pueden ser concernientes a la administración y acceso célere de la información. De igual manera, este sistema tiene beneficios relacionados al tema de seguridad de los datos que alberga.

De otra cuenta, también es menester aludir que se presentan ciertos riesgos o inconvenientes, que en diversas circunstancias llegan a causar perjuicios para las partes contratantes del *cloud computing*, dichos problemas pueden ser los relativos a la intimidad y privacidad de los usuarios, entre otros riesgos de seguridad.

En adición a lo anterior, los inconvenientes que presenta este servicio pueden ser sobre temas vinculados a la propia empresa (falta de seguridad por carencia de cifrados) y la competencia empresarial (robo de información entre empresas), también hay problemas respecto a que en ciertos países la regulación jurídica del *cloud computing* se muestra ineficiente, lo cual genera una ineficaz protección a los derechos de los usuarios (derecho a la protección de datos personales, por ejemplo).

Por todo lo mencionado, en primera línea se presentarán brevemente algunas de las posibles ventajas que brinda la «nube», para luego proceder a describir los inconvenientes que pueden encontrarse.

3.4.1. Beneficios del *cloud computing*

a) El utilizar los recursos propios brindados por la «nube» significa estar a la par de la adaptación célere que conllevan ciertos cambios, cuestión que permite perfeccionar y evolucionar en el procesamiento de datos.

b) En la actualidad, por el creciente nivel de competitividad que hay en la economía global, no es para nada ventajoso que los CEOS de las compañías tecnológicas continúen empleando los sistemas internos que poseen sus organizaciones, a razón que; a través de la utilización del *cloud computing* es viable acoplar la información almacenada de una manera más eficaz.

c) Existe gran potencial para que el proveedor de la «nube» ofrezca al cliente una disponibilidad del servicio con niveles eficientes, con el objetivo de ejecutar aplicaciones y alojar información, siempre y cuando se consideren los acuerdos que han sido celebrados entre las partes contratantes.

d) Con una herramienta de la envergadura del *cloud computing* es viable que el usuario use las aplicaciones en el momento que lo desee y encontrándose en cualquier lugar del mundo. Así también, los datos albergados en la «nube» se actualizarán constantemente.

De otro lado, y como bien se adelantaba, el uso de la «nube» no solo ha implicado un gran beneficio de almacenamiento de datos, sino que también ha conllevado a que se presenten desventajas o falencias en cuanto a su uso. Por tanto, someramente, a continuación se pasará a enlistar solo algunas de las desventajas más notorias que han sido observadas, aunque no las únicas.

3.4.2. Inconvenientes del *cloud computing*

a) Una de las desventajas de este sistema de almacenamiento y transferencia de datos radica en la escasa seguridad brindada a la información que se aloja en su sistema.

b) Puede ser que los CEOS de las organizaciones empresariales vean un peligro potencial en relación a la coexistencia de la información de sus organizaciones con la de otras compañías que son sus competencias, ya que cada institución empresarial alberga datos que son sensibles y que no pueden revelarse.

c) Pese al constante acrecentamiento del empleo de la «nube», hay Estados que todavía no tienen una legislación jurídica adecuada en materia de protección de datos personales, un ejemplo de esto es sobre si los datos albergados dentro de un determinado territorio se encuentran bajo su dominio o no, lo que deberá ser determinado al fin del vínculo contractual del servicio de la «nube».

En relación a los problemas de seguridad del *cloud computing*, **Orozco y Jacobs** (2016, pp. 182-183), tomado en cuenta la información de la consultora Accenture, manifestaron que a pesar de existir en los países evaluaciones constantes respecto a los niveles de seguridad de la información almacenada en la «nube», todavía se hacía necesario que los datos contasen con un control y certificación. Se especificó además que las fallas internas son los factores más comunes en cuanto a vulneración de la seguridad. Tales fallas de seguridad eran las siguientes:

- Problemas en el propio sistema de la «nube» (errores en su diseño).
- Empleados incapaces o inescrupulosos que filtran información.
- Errores en los procesos comerciales.
- Delitos cibernéticos.
- Trabajadores temporales que no saben manejar adecuadamente el sistema.
- Contratistas descuidados.

Por tanto, pese a que esta novedosa tecnología ofrece un abanico de beneficios para los usuarios que desean almacenar una gran cantidad de información, también cuenta con un lado más oscuro, que desde esta perspectiva tiene un gran realce en el ámbito jurídico, ya que los temas de seguridad, sobre todo en la prevención, pueden ser causa del incorrecto o carente establecimiento de políticas o lineamientos para el empleo de la «nube», y como no, por la inadecuada regulación legislativa, sin dejar de lado las propias deficiencias de seguridad de esta herramienta tecnológica que es entera responsabilidad de las compañías de tecnología que la desarrollan.

Lo asentido sobre las desventajas del sistema de la «nube» sin dudas representa un peligro para los clientes, pero se debe ser claros en manifestar que por más que existiese una adecuada normativa sobre tal tecnología, si los propios sistemas de seguridad de la «nube» no son confiables (debido a problemas en su diseño), únicamente se tendría, por ejemplo, que sancionar a quienes filtren o propalen información privada, ello sin dejar de lado la responsabilidad de los proveedores del *cloud computing*. No obstante, la idea de la prevención suena mejor antes que la sanción, por ello; fallando la propia creación o diseño del sistema no quedaría otra cosa que prevenir, y dicha prevención es desde una política legislativa clara y precisa.

Finalmente, es necesario que poco a poco los países avancen a tener no solo una adecuada regulación normativa respecto al *cloud computing*, sino que también las organizaciones que ofrecen este servicio trabajen por optimizarlo y hasta pensar en autorregularse, para así estar frente a un instrumento tecnológico de alta calidad y seguro para los usuarios.

4. APROXIMACIÓN NORMATIVA AL *CLOUD COMPUTING*

Con la meta de examinar el tratamiento legislativo aplicable al *cloud computing*, primero será imperioso abordar cómo es que este sistema tecnológico ha sido regulado desde el derecho internacional (comparado), empezando por la legislación europea que siempre se ha destacado por ser la de mayor alcance en estos temas. Tal revisión ayudará a tener un mejor conocimiento sobre las principales disposiciones legales que le serían aplicables a la «nube» y cómo se ha avanzado en materia regulatorias desde su surgimiento años atrás.

Ahora, antes de comenzar a citar las disposiciones relativas a la «nube» en el marco internacional, o siquiera proceder a su desarrollo, es de tener en consideración que el «tipo de normativa» aplicable a la «nube», si es que cabe la expresión, va a partir de los conocimientos que hasta el momento se ha desarrollado en esta obra, es decir; lo relacionado a la descripción del origen, definición, tipos de servicios y modalidades del *cloud computing*. Por ello, al ser la «nube» un sistema donde se recopila una gran cantidad de «datos personales»; lo más adecuado y pertinente es que su examen siempre parta de la legislación de datos personales, y que, por obvios motivos, es la que más luces sobre el tema proporciona; además, como podrá apreciarse, no existe aún una normativa especial y unificada en el mundo para el *cloud computing*, salvo lineamientos o recomendaciones y ciertas menciones en las leyes, más no una «regulación jurídica» propia.

4.1. La legislación internacional y el *cloud computing*

Dentro de los últimos años, en la Unión Europea se han estado expidiendo disposiciones legales y recomendaciones en relación a la utilización del *cloud computing*, ello a razón que se ha tenido en consideración que frente a la incesante demanda de tal servicio su tratamiento normativo era pertinente. Tales normas y documentos, asimismo, han sido promulgados para que los países estén alineados en la misma ruta de la globalización tecnológica y dinamización del sector económico. Además, porque al ser la «nube» un sistema de almacenamiento y transferencia de datos, los usuarios deben tener la seguridad de que su información, otorgada a diversas organizaciones e instituciones, estará protegida.

En ese marco, el antecedente más remoto respecto al *cloud computing*, y que vinculaba a los países que lo adoptaban a garantizar la a protección de datos personales en Europa se remonta al año de 1981, cuando el Consejo de Europa adoptó el Convenio N.° 108 (Convenio N.° 108 del Consejo de Europa para la protección de las personas con respecto al tratamiento automatizado de datos de carácter personal y protocolo adicional al convenio para la protección de las personas con respecto al tratamiento automatizado de datos de carácter personal, a las autoridades de control y a los flujos trasfronterizos de datos). Dicho instrumento normativo hacía referencia a la seguridad que se le debía de brindar a las personas sobre el tratamiento automatizado de sus datos personales. Lo que puede destacarse de dicho Convenio N.° 108 es el real cuidado y protección sobre los aspectos de la vida privada de las personas cuyos datos personales estaban sujetos justamente a un tratamiento automatizado.

Ya para el 10 de octubre de 2018, con el Protocolo de Enmienda al Convenio N.° 108, se modificó el instrumento normativo, que tuvo la meta de establecer mejoras sobre su aplicación y brindar unas luces sobre los retos que traía el surgimiento de las nuevas tecnologías, lo que a su vez hacía necesario otorgar una mayor protección a los datos de carácter personal.

Así y todo, con las modificaciones presentadas en el Convenio, su denominación también cambió, pasándose a llamar «Convenio 108+» (en delante, el Convenio), y una de las novedades que, igualmente, puede resaltarse entre las novedades del documento fue la inclusión de Uruguay como «país tercero». Adicionalmente, y sin adelantar lo que se verá más adelante, las modificaciones planteadas también permitieron adecuar el Convenio a las disposiciones que se emitieron posteriormente con el Reglamento General de Protección de Datos, que en general proporcionan la adopción de garantías necearías para el correcto tratamiento de datos personales.

Otro de los antecedentes a destacar es que, para el año 2012, la Comisión Europea dio a conocer la «Comunicación de la Comisión al Parlamento Europeo», al Consejo, al Comité Económico y Social Europeo y al Comité de las regiones (en adelante, «Comunicación»). Dicho documento trataba respecto potenciar el empleo de la computación en la «nube» en el territorio europeo, puesto que se había apreciado que tal sistema de almacenamiento y transferencia de datos generaba que las naciones pertenecientes a la Unión Europea adquirieran un mega desarrollo, ello por motivo que este sistema brindaba y sigue haciéndolo:

a) Un abaratamiento de los precios informáticos por los que tenían que pagar los usuarios, generando a la vez una ventaja para el desarrollo de otros nuevos servicios.

b) Las organizaciones, con independencia de su tamaño, tendrían la posibilidad de poder contratar a escalas mayores.

c) Las entidades partes del Estado contarían con la habilitación para ofrecer un asesoramiento más eficiente, y a la vez mantendrían sus costos en un nivel adecuado.

Igualmente, con la mencionada Comunicación existían ciertos temas que deseaba concretar la Comisión Europea en relación al servicio de la «nube». Tales temas eran los siguientes:

a) El acogimiento de medidas eficaces para la aplicación del *cloud computing* en los diferentes ámbitos económicos, con el fin de reducir los gastos informáticos.

b) Promocionar la productividad, el desarrollo y el campo laboral, considerando el esquema político, legal y tecnológico.

c) Dar transparencia respecto la normativa que le es de aplicación al *cloud computing*, lo que después desembocaría en el establecimiento de una regulación para la ciberseguridad.

Así también, la Comisión Europea contaba con una meta fundamental que se sustentaba en el establecimiento de una «Agenda Digital» que justamente contaba con el fin de «crear confianza en el mundo digital», y ello requería de la adopción de diversas labores concretas, entre ellas las cuales se encontraban las siguientes:

a) Dar amparo a la seguridad y equidad en la instauración de los términos para los contratos de *cloud computing*.

b) Instituir la «Asociación Europea sobre el *cloud computing*».

c) Fijar el panorama legislativo que se aplica al *cloud computing*.

Consecuentemente, por razón de que el *cloud computing* se había convertido en una herramienta tecnológica muy usada, era inevitable definir los aspectos más fundamentales en los que tal sistema de almacenamiento y transferencia de datos incidía. Para conseguir lo anterior, en el año 2013, el Parlamento Europeo acogió la Resolución del Parlamento Europeo de fecha 10 de diciembre de 2013 (2013/2063 (INI)) o también conocida en inglés como «*European Parliament Resolution of 10 December 2013 on Unleashing the Potential of cloud computing in Europe* 2013/2063 (INI)», la cual hacía referencia a la liberación del potencial de la computación en la «nube» en Europa. El documento contaba con ciertos ejes:

a) El *cloud computing* debía ser visto como una herramienta de progreso y que incremente la productividad.

b) La relación entre el mercado de la Unión Europea y el *cloud computing*.

c) Los Pactos Estatales, el Convenio de Soluciones Originales y el *cloud computing*.

d) El criterio de homogenización y el *cloud computing*.

e) Los clientes del servicio (usuarios) y el *cloud computing*.

f) La propiedad intelectual, el derecho en materia de contratos, etc., y la «nube».

g) La protección de la información, los derechos esenciales y el uso de la normativa y el *cloud computing*.

Es importante referir que tal Resolución no reglamentaba en específico los servicios brindados por el *cloud computing*, puesto que en particular eran las disposiciones relativas a la protección de datos personales las que aplicaban para tal servicio (como en la actualidad los es el Reglamento General de Protección de Datos, por ejemplo), y ello debido a que el sistema de la «nube» almacena y transfiere datos, por ello; lo más coherente es que la legislación que deba aplicarse siempre sea una legislación especial en materia de protección de datos personales. Empero, ha de señalarse que frente a la existencia de dispositivos especiales en ese tiempo (previo a la expedición del Reglamento General de Protección de Datos) existían ciertas particularidades a contemplar en las normativas de cada nación, dentro de las cuales se encontraban las siguientes:

1. Bajo ninguna circunstancia las disposiciones legales en materia de protección de datos personales de los países integrantes de la Unión Europea debían de carecer de dispositivos legales que implicaran una menor protección en relación a otros países a los que se les aplicaba también las normas de protección de datos, y que comprendiese la transmisión de aquellos.
2. Los proveedores del *cloud computing* estaban obligados a comunicar a los clientes del servicio sobre el potencial empleo de los datos por parte de las autoridades de otros Estados, ello cuando había una orden judicial que requería la información de los usuarios.
3. Los proveedores del *cloud computing* estaban totalmente obligados de acatar las disposiciones jurídicas en materia de protección datos de la Unión Europea, y en caso de que se presentaran algunos incumplimientos, aquellos iban a resultar responsables.

Pues bien, y considerando todo ello, de los documentos previos a la emisión y publicación del Reglamento General de Protección de Datos, ha podido apreciarse que, tanto de la Comunicación de la Comisión al Parlamento Europeo como la Resolución del Parlamento Europeo del 10 de diciembre de 2013, mostraban los incipientes orígenes para llegar a una esquematización más ordenada en relación a los principales aspectos para la promoción adecuada del uso del *cloud computing*. Ello hasta cierto punto también implicaba una labor ardua de los países de la Unión Europea considerando que a pesar de tener ciertas guías o parámetros aún no contaban con una regulación sólida, claro está cambiaría con la expedición del Reglamento, por lo que en un principio solo les quedaba a los Estados Europeos adecuar sus normativas de protección de datos a lo que se veía como una suerte de consejos.

4.1.1. El Reglamento General de Protección de Datos y el *Cloud Computing*

Debido a la necesidad urgente de conformar una regulación unitaria para toda la Unión Europea en materia de protección de datos personales (que como bien ya se tiene claro comprende a los servicios del *cloud computing*) dentro de la Unión Europea, en el año 2016 nació el instrumento internacional más relevante justamente en protección de datos personales: «*The Regulation* (EU) 2016/679 (*General Data Protection Regulation) of the European Parliament and Of the Council*», o en español «Reglamento General de Protección de Datos», que de igual forma es llamado «GDPR» o «RGPD». Así también, con la publicación del RGPD se procedió a la derogación de la Directiva 95/46/CE, la cual le antecedió en cuanto a la tratativa de protección de datos personales.

La vigencia de esta nueva norma comenzó a partir del 25 de mayo de 2018, ello porque se requería de un tiempo prudente para que los países pertenecientes a la Unión Europea ajustaran sus dispositivos legales en materia de protección de datos personales con las novedades que traía el RGPD.

En síntesis, puede mencionarse que el RGPD se aplica en los siguientes casos:

a) Cuando se va a tratar datos personales de usuarios que viven en la Unión Europea. Tales datos serán tratados por un responsable del tratamiento de datos o el encargado del tratamiento de datos, aun cuando aquellos que tratan los datos no esté localizado en territorio de la Unión Europea, por lo que puede decirse que aplicación también se da extraterritorialmente.

b) Casos en los cuales el tratamiento de datos personales tenga que ver con la venta de bienes u ofrecimiento de servicios a los usuarios en la Unión Europea.

c) Circunstancias en las que se tenga que vigilar el comportamiento de los usuarios, siempre que tal supervisión se de en la Unión Europea.

Recalcando que el *cloud computing* es concebido como un sistema de almacenamiento y transferencia de datos, es valioso examinar que dentro del RGPD se encuentran dos presupuestos para la concreción del principio de «transparencia» de datos que debe observarse para tratar los datos personales alojados en la «nube», transparencia que debe otorgar el responsable del tratamiento de datos. Cabe precisar que la aplicación de tales presupuestos dependerá del hecho de si el titular de datos personales proporcionó sus datos, o si estos fueron obtenidos sin su participación.

Así, el responsable del tratamiento de datos, conforme lo señalado en los artículos 13.° y 14.° del RGPD, respectivamente, deberá brindar la siguiente información al titular de datos personales:

1. Datos personales que proporciona el titular de datos personales para que estos puedan transferirse: En tal premisa, el responsable del tratamiento de datos, al recibir los datos que le han sido dados por su propio titular, cuenta con la obligación de informar, entre otras cuestiones más, al titular, de lo siguiente:

   a) Datos que sirvan para identificar y mantener comunicación con el responsable del tratamiento de datos; y también se deberá de proporcionar los datos del delegado del responsable del tratamiento de datos.

   b) Los motivos por los cuales sus datos personales almacenados se procesarán, así como también se deberá brindar información sobre la norma que se usará para el tratamiento de tales datos.

   c) Información sobre quiénes serán los destinatarios de la información (datos).

   d) Información exacta de si los datos tendrán que ser transferidos a otros países u organismos extranjeros, y las medidas que tendrán en cuenta con motivo de proteger tal información.

   e) El tiempo en el cual los datos permanecerán almacenados.

   f) Información en relación a los derechos que tiene del titular de datos personales para tener acceso a la información objeto de tratamiento, y también sobre sus derechos a rectificar, eliminar o limitar el tratamiento de sus datos.

   g) La potestad de presentar una queja al supervisor europeo de protección de datos.

   Indicaciones de si los datos constituyen una condición para tener o acceder al servicio ofrecido.

2. Datos personales que se transferirán sin que la información haya sido otorgada por el titular de datos personales: En relación a esta premisa, será el responsable del tratamiento de datos quien brinde al titular de datos personales la siguiente información:

   a) Datos que sirvan para identificar y mantener comunicación con el responsable del tratamiento de datos; y también con los datos de su delegado.

   b) Las categorías de los datos que se transferirán

   c) Información sobre quienes serán los destinatarios de la información (datos).

   d) Información exacta de si los datos tendrán que ser transferidos a otros países u organismos extranjeros, y las medidas que tendrán en cuenta con motivo de proteger tal información.

   e) El tiempo en el cual los datos permanecerán almacenados.

   f) Precisiones de si el procedimiento de transferencia se genera a petición de un tercero u otro responsable del tratamiento de datos.

   g) Información en relación a los derechos que tiene del titular de datos personales para tener acceso a la información objeto de tratamiento, y también sobre sus derechos a rectificar, eliminar o limitar el tratamiento de sus datos.

   h) Dar información respecto al derecho de retirar el consentimiento sobre la transferencia.

   i) Facultad de interponer una queja a la autoridad competente.

   j) Indicación sobre el lugar de procedencia de los datos que serán transferidos.

Se debe notar que en caso de una utilización complementaria de los datos alojados en la «nube», es una obligación del responsable del tratamiento de datos informar ello al titular de datos personales.

Así, y luego de efectuar un breve reconocimientos de tales presupuestos, puede sostenerse que lo deseado en esos casos es que el titular de los datos personales cuente con total conocimiento sobre; (i) cómo y con qué motivos se ejecutará el tratamiento de sus datos personales (justamente por el principio de «transparencia»), y respecto de (ii) la fijación de cada una de las obligaciones con las que cuentan los sujetos que participan en el andamiaje del tratamiento de datos personales. Todo ello también permite brindar claridad, como fue mencionado, sobre la gestión de los datos de los individuos, además, da pie a proporcionar información en relación a los derechos que poseen los usuarios de la «nube» en caso de riesgos en la seguridad en la información.

Asimismo, debe de tenerse cuidado con lo referido al tema de si el titular de datos personales proporcionó sus datos, o si estos fueron obtenidos sin su participación, ya que particularmente en la «nube» se entiende que el propietario de los datos, al contratar el servicio tiene que consentir que el tratamiento de su información se dé en tal sistema. Ahora, existen casos en que las personas son incorporadas en las bases de datos de las compañías habiendo dado su autorización para ello, sin que tal tratamiento haya implicado subir su información a la «nube», en ese caso, la compañía que subió tal información a la «nube» estaría incurriendo en un caso de responsabilidad porque siempre es necesario que se solicité el consentimiento del titular de los datos personales para subir información al *cloud computing*.

Se considera que una situación totalmente distinta a la anterior, y que aplicaría al segundo supuesto donde los datos no hayan sido otorgados por el titular de datos personales, cuando tales datos fueron proporcionados a una entidad pública, sin que haya sido necesario en un primer momento contar con que la información fuese almacenada en la «nube», pero que después por un tema de eficiencia y ahorro de los entes estatales haya resultado necesario subir tal información a la «nube»; y ahí podría no afectarse el tema del consentimiento porque en un primer instante el tratamiento de datos ya había sido aceptado, pero lo que la entidad sí tendría que hacer es garantizar que cuenta con todos los estándares de seguridad para operar el *cloud computing*, además de informar también al usuario que su información fue alojada ahí y así igualmente se logra obtener el consentimiento.

Se ha visto que el tema de la transparencia y responsabilidad que se debe de tener en cuanto a la información albergada en la «nube» es muy importante, en ese sentido, hay instituciones que también se ha pronunciado sobre este tema, por ejemplo, de acuerdo con la Red Iberoamericana de Protección de Datos (2021) una de las recomendaciones brindadas en la «34.ª Conferencia Internacional de Autoridades de Protección de Datos y Privacidad» (en la actualidad, *Global Privacy Assembly-GPA-2*) para los proveedores del *cloud computing* fue que estos debían de asegurar la correcta transparencia, seguridad, responsabilidad y confianza en la *data* que recopilaban, y que a la vez tenían la obligación de proteger toda esa información frente a las vulneraciones que se presentasen en la seguridad de los datos y las cláusulas de contratos que fomentan la portabilidad de datos y su control (p. 4). Esto que se ha expresado es de suma trascendencia, puesto que implica una exigencia al proveedor de la «nube» para brindar un servicio adecuado cumpliendo con altos estándares en materia de seguridad, y al mismo tiempo implica que el incumplimiento de ese deber de seguridad acarrearía en una responsabilidad.

Todo lo mencionado no hace más que constatar, como bien lo establecía el RGPD respecto al servicio de la «nube», que existe el derecho de los usuarios de brindar a las entidades o compañías sus datos para que sean almacenados y por tanto tratados por medio de tal herramienta tecnológica, sin embargo, existe a la vez una serie de responsabilidades por parte de los proveedores del servicio de la «nube», no solo en cuanto a la información que les darán a las personas de cómo se manejarán sus datos, sino también respecto a que el servicio ofrecido cuenta con todas las garantías de seguridad y confidencialidad.

De otro lado, no puede dejar de mencionarse algo interesante que fue expresado por **Aparicio** (2021) cuando comentó lo establecido en el artículo 6.1.b. del RGPD, en el sentido que tal dispositivo hace alusión a que el tratamiento de datos de los empleados en el marco de un vínculo laboral es uno de los casos de manipulación imprescindibles para la ejecución del contrato laboral, por ello, tal tratamiento efectuado a razón del ejercicio de la prestación laboral o de las atribuciones del empleador son pasibles de ser ejecutadas sin requerir consentimiento del trabajador (p. 2). Esto que refirió la autora también podría aplicarse como ejemplo de lo consignado en el artículo 14.° del RGPD que se discutía (datos que no fueron obtenidos del propio interesado y que directamente pasan a gestionarse) porque, como se sabe, el empleador ejerce una serie de facultades en la relación laboral con el trabajador, sean tales facultades de supervisión, dirección, etc., pero sobre todo porque el empleador debe de contar con los datos del trabajador a razón de que este último debe estar en la planilla de la empresa para recibir sus remuneraciones, beneficios laborales y demás, con lo que ahí se justifica el almacenamiento y gestión de tal información del trabajador, incluso en la «nube».

Sin embargo, lo anterior no implica que el empleador no deba informar a sus trabajadores sobre el tratamiento que está realizando sobre los datos personales en el marco de una relación laboral, ya que proporcionar tal información constituye una obligación del empleador en el ámbito de la relación laboral. Asimismo, el empleador deberá cumplir con su obligación de brindar la información mencionada en el artículo 14.° del RGPD (transparencia), y asegurarse que el servicio de *cloud computing* que contrató del proveedor sea el más seguro.

Siguiendo con el análisis del RGPD, en Europa, la normativa sobre protección de datos personales, de igual manera, provee un listado de derechos a ser ejercidos por los propietarios de los datos almacenados en los instrumentos digitales, como bien lo es el *cloud computing*, que como ya se sabe es ofrecido por empresas de talla global (Google o Amazon, por citar algunos ejemplos). Los referidos derechos vienen a ser los siguientes:

1. **Derecho de acceso**: Por medio de este derecho se otorga la facultad al titular de datos personales de conocer sobre la gestión de sus datos por parte del responsable del tratamiento de datos, de igual manera para saber cuál es el objetivo por el cual están siendo tratados sus datos.
2. **Derecho de rectificación**: Por este derecho se concede la facultad al titular de datos personales para peticionar la enmienda de su información cuando la consignada sea imprecisa.
3. **Derecho de supresión o al olvido**: A través de este derecho, el titular de datos personales puede requerir que la información que le pertenece, y que ya no esté siendo tratada, proceda a retirarse.

   El derecho supresión comprende los siguientes casos:

   a) Cuando los datos albergados ya no poseen la finalidad por la cual en un principio se determinó su tratamiento.

b) Datos respecto de los cuales el tratamiento fue diferente a lo que disponían las normas legales.

c) Datos utilizados de una forma distinta a la autorizada por el titular de los mismos.

d) Tratamiento de datos por los cuales no se dio el consentimiento para su gestión.

e) Datos sujetos a recursos impugnativos.

Los responsables del tratamiento de datos están obligados a informar a los demás responsables del tratamiento de datos respecto de la existencia de información por la cual se haya pedido su cancelación.

4. **Derecho de limitación del tratamiento de datos**: Los titulares de los datos personales pueden requerirle al responsable del tratamiento de datos que restrinja el tratamiento de la información. Lo referido a razón de lo siguiente:

   a) La delimitación efectuada sobre los datos es imprecisa.

   b) Los datos están siendo tratados de forma distinta a la establecida por la normativa.

   c) Datos que no necesitan ser tratados.

   d) El titular de datos personales necesite de tales datos para la elaboración de alguna defensa judicial.

5. **Derecho de portabilidad de datos:** Los datos personales tienen que ser entregados de una forma accesible. Ello permitirá su adecuada lectura, además de que su transferencia resultará sencilla hacia los demás dispositivos, siempre que esa transferencia sea necesaria.

6. **Derecho de oposición**: Esta facultad permite que el titular de datos personales se niegue a que sus datos sean tratados.

7. **Limitación a la adopción de decisiones automatizada**: Este es un derecho del titular de los datos personales para contrarrestar que respecto de sus datos se efectúe un procesamiento automatizado o *profiling*.

En general, todas estas prerrogativas le han sido concedidas a los dueños de los datos personales que contratan los servicios del *cloud computing* con el fin de garantizar el adecuado tratamiento de la información que se almacena en tal sistema, siendo que, si ello deja de ser así, también se puede solicitar el cese de tal administración por intermedio del derecho de supresión u oposición, dependiendo del caso y siempre que se respete las limitaciones que ha establecido el RGPD.

Por otra cuenta, los responsables del tratamiento de datos están obligados a establecer un procedimiento que les posibilite desenvolverse dentro de los lineamientos sentados en el RGPD. Asimismo, los responsables del tratamiento de datos tienen que actualizar constantemente dicho procedimiento. Dentro de las obligaciones más trascendentales de los responsables del tratamiento de datos se encuentra la comunicación al titular de datos personales si es que ocurriese alguna transgresión a sus datos. Tal comunicación debe producirse dentro de las 72 horas siguientes de producida tal situación (artículo 33.º del RGPD).

Lo mencionado en el párrafo también trae a consideración que con la nueva norma de datos personales de la Unión Europea se ha previsto que tanto los responsables del tratamiento de datos como los encargados del tratamiento de datos (más adelante se verá qué papel cumplen en el sistema de *cloud computing* – Tabla 2) deben de:

Asegurarse que los servicios de la «nube» son la opción más ideal para garantizar un adecuado tratamiento de datos.

- Velar por cumplir las legislaciones en materia de protección de datos personales.
- Hacer lo necesario para que la contratación del servicio de la «nube» cumpla con los requisitos esenciales para tratar datos personales.
- Dar cumplimiento a las disposiciones sobre flujo transfronterizo de datos.
- Realizar investigaciones sobre el efecto de la «nube» en la protección de datos personales.
- Agregar en el sistema de la «nube» condiciones privacidad, ética y seguridad.
- Asumir responsabilidades en el tratamiento de datos personales en la «nube».
- Asegurar que los propietarios de los datos personales puedan hacer valer sus derechos.
- Brindar más seguridad y transparencia sobre la gestión de datos personales.

Luego del sucinto repaso de las principales consideraciones brindadas por el RGPD sobre el tratamiento de datos alojados en la «nube», es crucial considerar lo expresado en la Comunicación de la Comisión al Parlamento Europeo y al Consejo del año 2018 en relación al RGPD (en adelante, la «Comunicación del 2018»).

De acuerdo a la Comunicación del 2018, lo que se deseaba conseguir a través del el RGPD era gestar un real entendimiento y actualización con respecto a los dispositivos normativos que existían sobre protección de datos personales, dentro de los que se encontraba la «nube». Por ello, con el RGPD la seguridad se vería reforzada, y, por tanto, los derechos de los propietarios de datos personales estarían resguardados, también se tenía pensado que con el RGPD se generaría una expansión para las aspiraciones y metas empresariales en materia de dinamización de la tecnología.

En resumen, considerando lo señalado en la Comunicación del 2018, el RGPD faculta a lo siguiente:

1. Poseer una regulación legal que tenga coherencia al momento de ser aplicada. Lo anterior con motivo de incentivar el mercado único digital, cuyos miembros son los Estados de la Unión Europea.
2. Proporcionar un trato en equidad a cada una de las organizaciones empresariales que poseen negocios dentro de la Unión Europea.
3. Desde un comienzo aplicar los principios de protección de datos personales. Ello con la finalidad de brindar estímulos a las proposiciones sobre la salvaguarda de los datos personales.
4. Fortalecer la protección de los derechos de los propietarios de los datos personales.
5. Intensificar la inspección que se realiza sobre los datos personales para los particulares.
6. Reforzar la protección frente a las transgresiones a los sistemas de datos.
7. Estipular sanciones para los encargados del manejo de los datos por medio de las entidades que tienen a su cargo la protección de datos personales.
8. El principio de responsabilidad proactiva da a quienes se encargan del manejo de los datos mayor flexibilidad.

9. Optimizar las obligaciones que tienen los encargados del tratamiento de datos para nombrar a otro encargado del tratamiento de datos.
10. Brindar un plan de gestión vanguardista para garantizar que los dispositivos legales sobre datos personales se utilicen con congruencia.
11. Sentar una protección eficaz de los datos personales cuando se está ante el supuesto de flujo transfronterizo.

Ha sido importante tener en cuenta lo que dice la Comunicación del 2018 sobre la regulación del RGPD, esto debido a que es de vital importancia que el usuario que contrate el servicio del *cloud computing* sea diligente cuando seleccione al encargado de dicho servicio (sea en calidad de encargado del tratamiento de datos o responsable del tratamiento de datos – ver Tabla 2), y es que tal encargado debe brindar las garantías necesarias para ejecutar las medidas técnicas y organizativas adecuadas para que el tratamiento de datos se lleve de acuerdo a los requisitos exigidos por el RGPD, y que se asegure así la protección de los derechos del usuario. Para lo anterior, es de mencionar que el usuario también tendrá que hacer una evaluación sobre el tipo y modalidad de *cloud computing* que le puede ofrecer tal seguridad.

Asimismo, y como se mencionaba anteriormente respecto a la información que deben de brindar los responsables del tratamiento de datos a los titulares y sobre los derechos que de por sí poseen los titulares sobre sus datos personales, el proveedor del servicio de la «nube» también tiene la obligación de proporcionar dicha información al contratante del *cloud computing*, y justamente ello puede ser por medio del responsable del tratamiento de datos. En especial se debe brindar la información relativa a los procedimientos que aseguran que el proveedor cumplirá con las obligaciones consignadas en el RGPD.

Sin dudas, se ha visto que el tema de la rigurosidad que se implementó con el RGPD ha sido de gran utilidad en términos de seguridad y confianza, lo que hizo que las organizaciones adoptaran diversas medidas para obtener la autorización de tratamiento de datos por parte de los usuarios. No obstante, en algunos casos por la novedad de tales medidas y las múltiples comunicaciones que se remitían a los usuarios, muchas compañías no lograron que sus clientes emitiesen su consentimiento para que sus datos sigan permaneciendo en las bases de datos, lo que generó que la información de muchos usuarios ya no esté bajo la administración de tales compañías (IT USER, 2019, párr. 5).

Bien se sabe que la entrada en vigencia de una norma puede causar determinados impactos en la vida de todos los actores que integran una sociedad, y ello fue lo que sucedió con la promulgación del RGDP, que trajo como consecuencia que todos los entes que administraban datos tuvieran que rediseñar sus procesos de recolección de información, no obstante, el costo-beneficio que en la actualidad ha traído la implementación de tal norma ha valido la pena, en materia de seguridad y confianza llegando a crear niveles óptimos para la dinamización de la economía digital.

Por otra parte, también debe mencionarse que a pesar de ser una ventaja que la Unión Europea cuente con una legislación unificada en materia de protección de datos personales, se ha hecho muy dificultoso, tanto para las compañías como usuarios, cumplir con los requisitos y exigencias, como por ejemplo lo que se manifestó líneas arriba sobre la obtención del consentimiento, ello debido a que algunas plataformas que ofrecen servicios de *streaming* deben de tener por parte de los usuarios cierta información, con lo que se ha producido que las organizaciones cambien sus esquemas de registro de información. Pero lejos de ello, existe optimismo en que el RGPD seguirá cumpliendo su cometido de protección y seguridad en materia de datos personales por ser una regulación que está a la vanguardia y que muchos países tratan de imitar.

4.1.1.1. La transferencia internacional de datos personales y el *cloud computing*

Es también relevante hacer referencia a lo que menciona el RGPD en cuanto a la transferencia internacional de datos personales, porque justamente en relación a tal aspecto es donde la normativa ha establecido los más importantes criterios en materia de seguridad y protección.

En relación a los parámetros que fija el RGPD sobre la trasferencia de datos personales a nivel internacional, **Gascón** (2020) asintió que tal legislación precisa que para que los datos personales sean transferidos en territorios ajenos al de la Unión Europea se deben de contar con las debidas garantías sobre protección de derechos. Para concretar tales garantías las organizaciones tienen que observar un abanico de mecanismos de distintas complejidades, como los siguientes:

a) Las disposiciones corporativas vinculantes.

b) Las cláusulas tipo sobre protección de datos personales.

c) Los códigos de conducta que son admitidos por la autoridad competente.

d) Los mecanismos de certificación.

Hay casos en los que tales garantías pueden, por así decirlo, dejarse de lado, justamente para permitir la transferencia internacional. Una de las circunstancias en las que no se requerirá tales garantías es cuando se cuente con el consentimiento del titular de datos personales, ello manifestando de forma explícita su deseo de tal transferencia para lo cual también se le debe dar información sobre los potenciales peligros que sufriría con la transferencia. Debe tenerse en claro que las excepciones de contar con garantías han de ser interpretadas restrictivamente, siendo que se refieren a transferencias para la manipulación de datos que se den de forma esporádica y no de una manera reiterada (p. 233).

De ello se constata notoriamente que, el RGPD cuenta con una estricta política en cuanto a transferencia internacional de datos, con el fin de garantizar que la información de los usuarios esté completamente protegida de cualquier circunstancia que vulnere la integridad de aquellos, lo que se vincula con el «principio de nivel de protección adecuado» que poseen algunas legislaciones (Perú, por ejemplo). Por ello, se ha hecho necesario que los países destinatarios de los datos personales cuenten con un adecuado nivel de protección para la información que llegará a sus territorios, aunque ello es flexible solo en casos en que las transferencias de datos no sean frecuentes, ayudándose a dinamizar el flujo de transferencia en base al criterio de protección y seguridad sin tolerarse que tales traslados de información (sin garantías) se produzcan habitualmente, lo que también es correcto a fin de evitar contratiempos como la manipulación inadecuada o falsificación de datos.

Entonces, queda claro que si el usuario de la «nube» desea adquirir el servicio debe consultar con el proveedor del servicio, o en todo caso el responsable del tratamiento de datos si en el marco del tratamiento de sus datos personales existirá una transferencia internacional, para que así tal cliente pueda decidir si va a contratar o no con determinado proveedor o si va a confiarle a un responsable del tratamiento de datos su información. Otro caso que debe referirse es que luego que el potencial cliente de la «nube» sabe efectivamente que en el servicio que estará adquiriendo existirá una trasferencia internacional, este tendrá que asegurase que el *cloud computing* cuente con las garantías necesarias respecto a la transferencia internacional de datos, ello claro está, se produce cuando el usuario haya decidido que sus datos, en efecto, puedan ser objeto de una transferencia.

Es de puntualizar que, si el usuario está contratando el servicio del *cloud computing* con compañías localizadas en Estados Unidos de América, que contemplan una transferencia internacional de datos personales, es importante que, a fin de saber si tales empresas cuentan con las garantías esenciales, aquellos usuarios revisen si las compañías poseen la certificación del Escudo de Privacidad de la Unión Europea - Estados Unidos (Agencia Española de Protección de Datos, 2018, p. 16). Lo anterior debido a que tal constatación también implica que el usuario está siendo diligente al informarse de las garantías que le ofrece su proveedor, para así evitar cualquier contingencia futura en el tratamiento de sus datos personales.

BEKERMAN (2021) comentó que, China en 2021 promulgó su nueva Ley de Datos Personales o «*The China Personal Information Protection Law*» (en adelante, «PIPL»), norma que por cierto presenta ciertas particularidades respecto a la trasferencia internacional de datos personales. En tal legislación se señalan los requisitos a considerar para transferir datos personales al exterior del país, vinculados a causas comerciales u otras. Respecto a ello, la norma ha establecido el deber de asegurar que el receptor foráneo brinde garantías idóneas de seguridad, asimismo, se ha consignado que dichas transferencias deberán efectuarse solo si se cumple alguna de las siguientes condiciones:

a) Pasar un examen de seguridad llevado a cabo por el departamento estatal especializado, cuando el responsable sea una infraestructura crítica o una entidad pública de China.

b) El destinatario se sujete a un mecanismo de certificación admitido por el departamento estatal especializado de China.

c) Se concrete a través de un contrato estándar ordenado por el departamento estatal especializado de China, donde se fijen los derechos y responsabilidades de las partes celebrantes, ello tal y como se da en la Unión Europea por medio de las cláusulas modelo de la Comisión Europea.

d) Otras condiciones prescritas en acuerdos internacionales, leyes o actos administrativos.

Cuando el Estado o la persona extranjera destinataria no respete los derechos e intereses de la población China sobre protección de datos personales, o esté en riesgo la seguridad nacional o el interés público de dicho país, hay opción de que el departamento estatal especializado los incluya en una «lista negra», impidiéndoseles a los responsables trasladar datos personales (artículo 42.°). Lo anterior difiere del RGDP porque en tal normativa solo existe una relación de los Estados que poseen un nivel correcto de seguridad y respeto a la protección de los datos personales (párr. 16-17).

Queda establecido así que, el país asiático ha establecido disposiciones, en cierta medida, más rigurosas que el propio RGPD sobre la transferencia internacional de datos personales, de las que pueden o no estarse de acuerdo. Pero lo cierto es que, en cuanto a datos personales se refiere, cada país, cada día está tratando de sentar marcos jurídicos que tiendan a proteger la intimidad, privacidad y seguridad de sus connacionales. Y en tecnologías como el *cloud computing* esto es idóneo porque ante las desventajas que se han visto en esta herramienta, lo más lógico es considerar altos estándares de seguridad y regulación, siempre y cuando no se generen restricciones en materia económica, comercial o de información, y todo sea por proveer adecuados mecanismos de seguridad a los usuarios de la «nube».

De otro lado, lo curioso de la PIPL, como se ha visto, es el establecimiento de la «lista negra», porque aún habría que ver qué medidas específicas tomará China, ¿acaso alguna restricción de transferencia por un determinado tiempo?, lo que a su vez podría constituir una restricción en materia económica, comercial y de información, por ello; a lo largo del tiempo en que esté en vigencia tal norma habrá que observar cuáles serán sus efectos, ventajas y desventajas en su aplicación.

Es oportuno mencionar que el Convenio 108+, de igual forma, hace alusión a la transferencia internacional de datos personales, y en particular se menciona que cuando el país que recibirá los datos personales (datos que provienen de alguno de los países adheridos a dicho Convenio) no es parte de tal instrumento normativo, este último a fin de recibir los datos personales deberá contar con un nivel idóneo que garantice la seguridad de los datos personales que albergará. En ese sentido, se puede ver que las normas internacionales están alineadas a un parámetro común de protección de datos personales, lo que es muy beneficioso a fin de evitar criterios dispares y confrontaciones legislativas, y sobre todo para contar con una regulación sólida y eficaz referente a datos personales, y en especial en su transferencia.

Por su cuenta, **Recio** (2019, p. 213) expresó que el nivel idóneo para la protección de datos personales que debe tener un país se hace mediante una «declaración de nivel adecuado», que justamente constituye un documento que asegura que el país cuenta con tal nivel de protección, sin perjuicio de que puedan haber otros instrumentos a los que puedan hacer alusión aquellos que se encargarán de tratar los datos personales, teniendo siempre en consideración que se debe asegurar la total y eficaz protección de los datos.

Por tanto, una vez más se vuelve a comprobar que a nivel internacional existen diversos instrumentos jurídicos que hablan sobre la debida protección de los datos personales albergados en la «nube», así como de que, además hay expertos que se han encargado de explicar cómo es que se ha de entender y concretizar tal nivel en las transferencias internacionales de datos; y sobre todo para tener conocimiento de cómo opera en la «nube», un sistema de trasferencia de datos muy usado en la actualidad por diversos países, pero del cual no todos pueden garantizar el adecuado tratamiento de datos que ahí se guardan. Por lo cual, también es correcta la exigencia de ciertos estándares que deben tomarse en cuenta en aras del debido respeto a la intimidad y privacidad de los usuarios.

4.1.1.2. Instrumentos internacionales del flujo transfronterizo de datos

Es preciso, en líneas generales, mencionar que existen también otros instrumentos internacionales que son aplicables al *cloud computing* en cuanto al flujo transfronterizo de datos, más si se considera que en esta clase de herramienta tecnológica es muy posible efectuar tal transmisión.

Dicho lo anterior, para el caso de flujos transfronterizos de datos, a nivel internacional, se han redactado una serie de instrumentos sobre la materia. Para la elaboración de tales instrumentos se hizo empleo de los consejos de la OCDE, el Convenio 10 del Consejo de Europa y el Marco de Privacidad de APEC.

Los instrumentos emitidos por región fueron concebidos básicamente para apoyar la aplicación de las normas de datos personales que poseen los países pertenecientes a cada una de las regiones donde tales instrumentos se aplican.

Habiendo referido todo ello, en la siguiente tabla se verá algunos de dichos instrumentos, la región a la cual se aplican y sus ventajas y desventajas.

Tabla 1

Instrumentos internacionales del flujo transfronterizo de datos

Instrumentos internacionales del flujo transfronterizo de datos			
Región	Instrumento	Pros (puntos fuertes)	Cons (puntos débiles)
Unión Europea	Normas corporativas vinculantes (Binding Corporate Rules, BCRs)	Son un instrumento que sirve para operacionalizar y armonizar las prácticas sobre protección de datos dentro de un grupo de empresas.	En el caso de la Unión Europea, requieren de autorización de las APDs y el procedimiento dura meses. No hay un reconocimiento bilateral o multilateral entre las autoridades de protección de datos a nivel internacional.
	Códigos de conducta y certificaciones aprobadas	Puede ser una alternativa para las empresas a otros instrumentos para las transferencias internacionales.	Más de un año después de la aplicación efectiva del RGPD no estaban disponibles. Ausencia de experiencia en su aplicación.

Unión Europea/ Otros	Cláusulas contractuales tipo	Son un instrumento dinámico que responde a las necesidades de las organizaciones.	En el caso de la Unión Europea, tienen que ser aprobadas por la Comisión Europea o una autoridad de protección de datos conforme al mecanismo previsto en el RGPD.
	Decisiones de adecuación/ listas de países	Facilitan la transferencia internacional de datos sin necesidad de otras medidas o garantías.	Número limitado de casos e incertidumbre en casos de anulación o exclusión de un país del listado.
APEC	Reglas de Privacidad Transfronteriza (*Cross-Border Privacy Rules, CBPRs*)	Son flexibles y se basan en la certificación de un tercero.	Su ámbito geográfico de aplicación, al igual que el de las BCRs, es limitado.

Nota. Para concertar el correcto flujo transfronterizo de datos personales en distintas regiones se han emitido instrumentos que facilitan la transferencia internacional de datos personales.

Se puede observar que los instrumentos internacionales para garantizar el flujo transfronterizo datos presentan ciertas ventajas y desventajas.

Esta tabla ha sido adaptada de «Gobernanza de datos personales en la era digital», por Pontificia Universidad Javeriana, EDX (JaverianaX), 2020.

Lo que puede referirse es que, la introducción de tales instrumentos tiene la finalidad de dinamizar y hacer más sencillo el flujo transfronterizo de datos, pero claro está que la mayoría de ellos se han emitido en la Unión Europea, donde actualmente y como se ha visto, rige el RGPD, por ello, también es necesario que se cumplan con los estándares de seguridad que requiere tal reglamento que junto con los instrumentos vistos pueden ayudar a superar cualquier dificultad en cuanto a transferencia.

De otro lado, no es de dejar pasar que a pesar de la buena fe de crear dichos instrumentos, algunos inconvenientes se presentan en cuanto a su efectiva aplicación, sea porque requieren de la aprobación de la Autoridad de Datos Personales para su aplicación, o porque existen barreras respecto al ámbito geográfico en el que se puedan aplicar (en el caso de la APEC, por ejemplo), por tales razones dependerá de cada país fijar parámetros flexibles para que justamente estos instrumentos ayuden a la dinamización de la transferencia y no representen un obstáculo más por sortear.

4.1.2. Estándares de protección de datos personales para los Estados iberoamericanos y el *cloud computing*

Como ha podido advertirse hasta el momento, en la Unión Europea existen una serie de documentos, que de una u otra forma, fueron encaminando a una sola la regulación de datos personales (RGPD), tarea que por cierto poco a poco va dando sus frutos. Ahora, en los demás países como en los de América Latina si bien no existe una unificación legislativa sobre datos personales, como la desarrollada en la Unión Europea, ya que cada país independientemente cuenta con su propia legislación de datos personales, si hay algunos instrumentos que coadyuvan a que los Estados de la región tiendan a adecuar y mejorar sus disposiciones normativas de datos personales, sobre todo en cuanto a la garantía de su aplicación, y que por supuesto también abarca al *cloud computing*.

Uno de tales instrumentos son los «Estándares de Protección de Datos Personales para los Estados Iberoamericanos» (en adelante, «Estándares») que fueron aprobados en junio del año 2017, con ocasión del «XVI Encuentro Iberoamericano de la Red Iberoamericana de Protección de Datos (RIPD)». Tales lineamientos representan lo que se llama un «*soft law*», asimismo, el documento se encarga de seguir los lineamientos consagrados en el RGPD. El motivo o razón de ser de tal documento es orientar a los países que todavía no poseen un marco regulatorio de datos personales a que tomen las debidas decisiones para contar con una regulación de datos personales, en tanto que para los países que ya cuentan con una legislación de dicho tipo, los Estándares serán de ayuda para renovar sus normativas en tal tema.

Será pertinente, a fin de entender este documento, desarrollar los considerandos de los Estándares, entre los cuales se destacan los siguientes:

- El derecho a la protección de las personas naturales vinculado con el tratamiento de sus datos personales es un derecho fundamental.
- El derecho a la protección de datos personales posee una naturaleza diferente sobre los derechos a la vida privada y familiar, a la intimidad, al honor, al buen nombre y otros derechos de semejante naturaleza.
- No hay una armonización en los Estados iberoamericanos sobre los principales aspectos que configuran el contenido al derecho a la protección de datos personales, siendo que ello hace difícil enfrentar los nuevos desafíos en materia de protección de datos personales que se derivan de la incesante transformación tecnológica y la globalización en distintos ámbitos.
- Es urgente que se adopten regulaciones legislativas para salvaguardar los derechos de las personas naturales con relación al tratamiento de sus datos personales. Pero, también es importante tener instrumentos normativos que aseguren el libre flujo de los datos personales que son el fundamento para el desarrollo, reforzamiento e intercambio de bienes y servicios en una economía global y digital, y que además es la base de las economías de los países iberoamericanos.
- La necesidad proponer un balance entre los intereses de todos los sujetos del sector público, privado, social y titulares involucrados con la instauración de excepciones por razones de interés público (que sean razonables y concordantes con los derechos y libertades), para no aplicar restricciones infundadas o excesivas que sean incompatibles con las metas perseguidas en sociedades democráticas. Todo ello para

incrementar y consolidar el régimen de protección de las personas físicas en relación al tratamiento de sus datos personales.

- Debido a que el establecimiento de nuevas tecnologías, implica una nueva clase de datos, lo que a su vez significa mayores peligros, es imperioso llegar a un acuerdo sobre la clase de datos personales clasificados como sensibles y las pautas para su tratamiento, considerando los efectos e intromisiones perjudiciales que puede traer el empleo indebido de esta clase de datos personales.
- A razón de que los prestadores de servicios manipulan los datos personales en representación y por cuenta del responsable del tratamiento de datos, comprendiéndose al *cloud computing* y demás, los Estados iberoamericanos en un mundo globalizado deben aprobar una legislación que les faculte normar esta clase de servicios. El objetivo de tal normativa sería fijar garantías para el resguardo de los datos personales que por encargo se tratan en tales países, lo que no representa una eximente al responsable del tratamiento de datos de sus obligaciones y responsabilidades que poseen frente a los titulares de datos personales y las autoridades de control.
- Es prioritario instaurar una base mínima que ayude y consienta a los responsables del tratamiento de datos y encargados del tratamiento de datos (como exportadores) a efectuar las transferencias internacionales de datos personales, privilegiando el respeto a los derechos de los titulares de datos personales. Lo anterior por motivo que el mundo está constantemente pasando por una serie de trasformaciones en lo digital e informativo en base a nuevas tecnologías, que a su vez está permitiendo la escala continua del flujo transfronterizo de datos personales.

Se entiende de lo descrito en algunos de los considerandos que, los países de Iberoamérica al no poseer una regulación unificada sobre protección de datos personales, y por ende sobre *cloud computing*, tienen que seguir las recomendaciones dadas en los Estándares, ello realizando una serie de esfuerzos allí mencionados que justamente lleven a la adopción de una legislación uniforme en datos personales, pero siempre teniendo en cuenta que las medidas que se adopten sean las más razonables para la adecuada protección de la información de los usuarios, y que se ofrezcan las debidas garantías ante los eminentes riesgos que traen consigo las nuevas tecnologías, como el *cloud computing*, en un mundo cada vez más globalizado.

Siguiendo con la revisión del documento, puede avizorase que este cuenta con diez capítulos, los que, en términos generales, pasarán a describirse a fin de brindar un panorama sobre las disposiciones, que por supuesto son de aplicación al *cloud computing*.

- En el Capítulo I se relata sobre las generalidades del documento, es decir; su objetivo, algunas definiciones y el ámbito de aplicación del documento. Otro de los temas interesantes es respecto a las dispensas en relación a la protección de datos personales, tales como el de seguridad nacional y salud pública, entre otras. De igual modo, se menciona la posibilidad de restringir el derecho a la protección de datos personales ejerciendo un test de ponderación con otras facultades y libertades. Asimismo, un aspecto interesante es el énfasis que se hace sobre cierta población vulnerable en el entorno digital, como lo son la niñez y adolescencia frente a los peligros a los que están expuestos, fijándose así las pautas para el adecuado tratamiento de sus datos personales. Finalmente, se señalan las reglas generales en cuanto al tratamiento de datos personales sensibles.
- En cuanto al Capítulo II, se hace una descripción de los principios de protección de datos personales, los cuales son; legitimación, licitud, lealtad, transparencia, finalidad, proporcionalidad, calidad, responsabilidad, seguridad y confidencialidad.
- Sobre el Capítulo III, se consagran los «derechos ARCO» (acceso, rectificación, cancelación y oposición), y se agrega una mención sobre el tema de la portabilidad de los datos personales y la forma en la que el titular de datos personales puede ejercerlos. También se hace mención del derecho a no ser objeto de decisiones individuales automatizadas, y el derecho a la limitación del tratamiento de los datos personales.

- En el Capítulo IV se presentan las obligaciones y responsabilidades del encargado del tratamiento de datos, quien debe tratar los datos personales a solicitud del responsable del tratamiento de datos, y la posibilidad que tiene el encargado del tratamiento de datos de contratar subservicios para la gestión de datos personales.
- El Capítulo V hace una mención sobre la regulación de la transferencia internacional de datos, señalándose que son propiamente los Estados quienes de manera expresa deben sentar normativamente las limitaciones a dicha transferencia, sea por temas de seguridad nacional, seguridad pública, protección de la salud pública, protección de los derechos y libertades de terceros, además de temas de interés público.
- En relación al Capítulo VI, se hace alusión a las medidas proactivas en el tratamiento de datos personales con el fin de que en base a ellas se otorgue un satisfactorio cumplimiento a la regulación de protección de datos, lo que servirá, de igual forma, a reforzar los controles de protección de datos personales estatuidos por el responsable del tratamiento de datos.
- Sobre el Capítulo VII, se toca el tema respecto a que es menester que cada país tenga una o más más autoridades de control en protección de datos personales, y que tales autoridades realicen sus funciones de forma imparcial e independiente; por ello, deben ser nombradas a través de un procedimiento libre de suspicacias, y que sus destituciones se gesten solamente debido a razones graves. Finalmente, se expresa que tales autoridades deben contar con una serie de prerrogativas para investigar, supervisar, tomar decisiones y aplicar sanciones, estando vigiladas sus actividades por el control jurisdiccional.
- En el Capítulo VIII son tratadas las pautas a tener en consideración para elaborar el régimen de reclamaciones y sanciones ante las vulneraciones a la protección de datos personales, para lo cual es necesario que los titulares de datos personales no tengan limitaciones al interponer sus reclamos (administrativos y judiciales), y así hacer efectivos sus derechos.

- En el marco del Capítulo IX se ha consignado que, ante cualquier daño y perjuicio que pueda sufrir el titular de datos personales, este debe tener el derecho a ser indemnizado, para lo cual es imperante que la regulación de cada Estado reconozca dicha indemnización. Por ello, es igualmente imprescindible que se designen a las autoridades competentes para estos casos, precisándose todos los aspectos relevantes para seguir el procedimiento de indemnización.
- Finalmente, el Capítulo X trata respecto a la importancia de crear instrumentos de cooperación internacional que hagan más sencilla la utilización de las normativas nacionales de cada país en materia de protección de datos personales, así tales instrumentos deben tender a reforzar lo siguiente; (i) la cooperación internacional y (ii) el apoyo entre autoridades de control. Se menciona, de igual forma, que es menester implantar mecanismos determinados al conocimiento e intercambio de procedimientos y experiencias sobre protección de datos personales en los que además se deberá de incluir temas vinculados a controversias de jurisdicción con terceros países.

Luego de haber efectuado una reseña de los capítulos de los estándares que los países iberoamericanos deben considerar para adecuar sus regulaciones sobre el tratamiento de datos personales, es necesario recalcar el por qué este documento, y los demás, son relevantes para el servicio del *cloud computing*.

Pues bien, hablar de la regulación de protección de datos personales en cada país también supone hablar de que estas serán aplicadas al *cloud computing*, debido a que cuando se hace alusión a la «regulación protección de datos personales», esta se aplica con independencia de las herramientas empleadas para su recopilación o tratamiento. Debe quedar claro, igualmente, que cada norma deberá ser observada por quienes manipulen los datos a través del Internet, las aplicaciones, el *cloud computing* y demás. No pude pensarse que dichas herramientas tecnológicas limitan o restringen la aplicación de la normativa de protección de datos personales y aquellas que se les vinculen, asimismo, lo que debe hacerse es crear recomendaciones, guías tales como las vistas previamente, e incluso mejorar la regulación de protección de datos personales ante el creciente surgimiento de las nuevas tecnologías como el *cloud computing*.

Ya tenida en cuenta la revisión de los instrumentos internacionales relacionados al *cloud computing*, es acucioso apuntar quiénes son los principales sujetos intervinientes en el tratamiento de datos personales de este servicio, así como describir qué rol cumple cada uno de ellos.

Una guía que va a servir para conocer a los sujetos intervinientes en el *cloud computing* es la referida a las «Recomendaciones para el tratamiento de datos personales mediante servicios de computación en la "nube" para los países Iberoamericanos» (en adelante, «Recomendaciones»), que viene en conjunto con lo dispuesto en los estándares arriba antes comentados. Uno de los asuntos que destaca de tal documento es que se ha caracterizado apropiadamente a cada interviniente en el tratamiento de datos personales en la «nube», explicando quién puede ser cada uno de ellos y qué papel desempeñan en el en el marco del tratamiento de datos personales.

Pero antes de nombrar a tales intervinientes, sería bueno, por ejemplo, considerar que en el RGPD se hace alusión a los intervinientes en el tratamiento de datos personales, que como norma base sirve también para identificar a los sujetos participantes en el *cloud computing*, diferenciándose únicamente en calidad de qué intervendrá cada uno de ellos.

Así, de la revisión del RGPD se advierte que el tratamiento de datos personales puede realizarlo tanto el «responsable del tratamiento de datos» como el «encargado del tratamiento de datos».

A continuación, se define quién puede ser responsable del tratamiento de datos y quien actuará como encargado del tratamiento de datos.

- El responsable del tratamiento de datos es la persona natural o jurídica, autoridad del Estado, servicio u otra organización, que establece el objeto, el empleo y contenido del tratamiento de datos personales.
- El encargado del tratamiento de datos es la persona natural o jurídica, autoridad del Estado, servicio u otra organización, que trate datos personales por encargo del responsable del tratamiento de datos.

Tabla 2
Intervinientes en el tratamiento de datos personales en la nube

Proveedor del *Cloud Computing*	Organización contratante del *Cloud Computing*	Titular de datos personales	Autoridad de protección de datos personales
Los proveedores de servicios de la «nube» suelen desempeñarse como «encargados del Tratamiento de datos». Los proveedores pueden ser personas naturales o jurídicas, incluso una autoridad pública que no sea parte de la entidad del responsable del tratamiento de los datos.	Estas organizaciones pueden ser, «responsables del tratamiento de datos» o «encargados del tratamiento de datos». Estas organizaciones pueden ser personas naturales o jurídicas que en solitario, o vinculación con otras señalan los objetivos y otros aspectos sobre el tratamiento de datos personales.	El titular de datos personales es la persona natural a quien le perteneces los datos personales. La información de dicho titular debe ser tratada adecuadamente. Por ello, todos sus derechos deben ser asegurados cuando sus datos personales se traten por medio de la «nube».	La Autoridad de protección de datos personales tiene el deber de controlar que los «responsables del tratamiento de datos» y «encargados del tratamiento de datos», que se efectúan en la «nube», ejerzan su labor de tratamiento de datos en concordancia con las disposiciones normativas que regulan tal servicio.

Nota. Las legislaciones sobre datos personales consigan quiénes son los intervinientes en el tratamiento de datos personales.

Se puede observar quiénes son los intervinientes en el sistema del *Cloud Computing* y el rol específico que desempeñan, ello a partir de las distintas regulaciones de datos personales.

Esta tabla ha sido adaptada de las «Recomendaciones para el tratamiento de datos personales mediante servicios de computación en la nube», por Red Iberoamericana de Protección de Datos, REDIPD, 2021, pp. 11-12.

En ese sentido, ha podido verse que en el caso de la «nube» existen cuatro sujetos intervinientes en el tratamiento de datos personales, y a diferencia del marco general del RGPD, en las recomendaciones se precisa que un proveedor de la «nube» puede ser el «encargado del tratamiento de datos», o que la organización contratante de la «nube» puede ser el «responsable del tratamiento de datos» o el «encargado del tratamiento de datos», dándose más luces de las funciones que cada sujeto interviniente puede cumplir.

4.1.3. La legislación latinoamericana de protección de datos personales y el *cloud computing*

Este apartado consiste en el análisis de la legislación de protección de datos personales de algunos de los países de Latinoamérica, tal como Argentina, Colombia y México. En particular, se describirán los aspectos que resulten interesantes de dichos cuerpos normativos, y, asimismo, ver si alguno de ellos contiene alguna referencia específica sobre el sistema del *cloud computing*.

4.1.3.1. Ley de Protección de Datos Personales de Argentina

En Argentina se encuentra la Ley N.° 25.326, la cual tiene como objeto asegurar la protección integral de datos personales. Lo que resulta interesante de esta norma es que no solo se protegen los datos personales, sino que a la vez se instaura una protección a los derechos del honor e intimidad de las personas; es decir, la esfera de protección que otorga la ley es más amplia de lo que comúnmente se acostumbra en una norma de este tipo.

Asimismo, una peculiaridad en esta legislación es que no garantiza únicamente la protección de los datos personales de las personas naturales, sino que además se protegen datos personales de personas jurídicas. Por tanto, puede mencionarse que el titular de datos personales puede ser tanto una persona natural como jurídica.

Otro asunto interesante es que, en esta ley se contempla que luego de que los datos personales ya no sean esenciales para cumplir los fines que llevaron a su recopilación, tales deberán ser «destruidos». Lo anterior implicaría «no dejar rastro alguno en el banco de datos personales de la información que le pertenecía de su titular», lo que parece una medida concreta y eficaz para evitar que más adelante se pueda generar un perjuicio sobre los derechos al honor y a la intimidad de las personas, ya que si los datos se tornan en inservibles no habría razón para que sigan subsistiendo.

Ahora, también se ha contemplado «la cesión de datos personales» que están siendo gestionados, pero ello solo en determinadas circunstancias, como lo son: (i) para cumplir los fines estrechamente vinculados con el interés legítimo del cedente, y (ii) cuando se requiera dar cumplimiento a los fines estrechamente asociados con el interés legítimo del cesionario. Así, para que tal cesión de datos personales se concrete es menester contar con el consentimiento del titular de datos personales (salvo cuando existan excepciones contempladas en la ley). Además de ello, un tema importante es que para realizar la cesión de datos debe comunicársele al titular de datos personales lo siguiente: (i) cuáles son los fines que persigue tal cesión y (ii) determinar al cesionario, o en todo caso a los elementos que faciliten tal determinación. Cabe notar que la cesión no es perenne ni mucho menos, puesto que el titular de datos personales pueda revocarla.

De otro lado, la legislación argentina ha sentado la posibilidad de que el titular de datos personales pueda iniciar una (i) acción de protección de los datos personales o una (ii) acción de *hábeas data*, ambas en caso el responsable del tratamiento de datos no cumpla con garantizar el debido ejercicio de los derechos ARCO. Tanto la acción de protección de los datos personales como la acción de *hábeas data* proceden únicamente en los siguientes supuestos:

a) Conocer cuáles son los datos personales que han sido recopilados y saber la finalidad de tal recopilación.

b) Para ejercer derechos tales como la rectificación, supresión, confidencialidad o actualización de los datos personales.

Un aspecto destacado de tales acciones es que pueden ser ejercitadas tanto por el titular de datos personales como por sus tutores, curadores, herederos en línea directa o colateral (siempre y cuando se encuentren hasta el segundo grado). Igualmente, cabe la posibilidad de que el titular de datos personales ejerza las acciones mediante un representante. En el caso de personas jurídicas, para la concreción de tales acciones pueden actuar sus representantes legales, o puede designarse a apoderados que actúen solo para tal efecto. Sobre estas acciones, asimismo, puede intervenir el Defensor del Pueblo como parte coadyuvante.

Lo interesante a resaltar de las acciones de protección de datos personales establecidas en la legislación argentina es que estas se desenvuelven en un ámbito jurisdiccional y no administrativo, como en el caso peruano, por ejemplo. En ese sentido, la competencia de tales acciones, en Argentina, queda a cargo del juez. El juez que conocerá la causa puede ser:

- El juez del lugar donde domicilia quien interpone las acciones.
- El juez del lugar donde domicilia el demandado.
- El juez del lugar donde el hecho o acto se manifieste o tenga algún efecto. En todos esos casos, el que interponga las acciones decidirá el lugar apropiado.

De la revisión de la normativa argentina sobre datos personales, se ha apreciado que no existe una regulación específica para el «*cloud computing*», tal y como lo mencionó ZANAZZI (2014), no obstante, para su análisis deben interpretarse artículos como el 25.°, 9.° y 11.° entre otros, de la Ley N.° 25.326, así como el decreto reglamentario 1558/01 y las disposiciones de la Dirección Nacional de Protección de Datos Personales, con el fin de encontrar el marco legal para la protección de datos personales albergados en la nube. Asimismo, el autor refirió que es menester contar con una normativa sobre protección de datos personales alojados en la «nube» (p. 19).

Así, se tiene por ejemplo que el artículo 25.° de la norma hace alusión a los «terceros» (proveedores de la «nube») que brindan servicios de gestión de datos personales. Por tanto, se encontraría que en la legislación de Argentina el *cloud computing* es un servicio informatizado, siendo que el tercero haría un tratamiento de los datos personales. De ello, se tendría que establecer de acuerdo a la Tabla 2 que los proveedores de servicios de la «nube» (terceros, según la norma argentina) serían los encargados del tratamiento de datos, mientras que, por otra parte, estarían las organizaciones responsables del tratamiento de datos, a quienes en primera instancia el titular de datos personales les brindó la autorización de encargarse del tratamiento de su información.

Habiendo establecido tal identificación de intervinientes en la «nube» en el país argentino, queda revisar las obligaciones del proveedor de servicios de la «nube». Pues bien, estas serán, por ejemplo; (i) no utilizar los datos personales que se le hayan encargado con una finalidad opuesta a la que autorizó el titular de datos personales, (ii) tampoco cederlos (artículo 11.°). Asimismo, el proveedor (iii) deberá adoptar todas las medidas que sean oportunas para proporcionar confidencialidad y seguridad respecto a la información de la que está encargado (artículo 9.°). Pero como se ha venido manifestando, lo primordial será que el titular de datos personales revise cada una de las cláusulas del contrato en la que brinda su consentimiento para el tratamiento de datos personales. Lo anterior, en primer lugar, para ver si se contempla «la posibilidad de que su información sea alojada en la nube», así como para asegurarse de que si ello es así se cuenten con todas las medidas de seguridad. El titular de datos personales también tendrá que revisar, en general, si hubiera cesión de sus datos personales o no, que como se ha visto ello está prohibido por la norma (en el caso de la «nube»), empero se sugeriría la revisión con el fin de evitar riesgos.

Cabe, asimismo, hacer algunas precisiones sobre el tema de la cesión y su distinción con otras instituciones. Según **Cruz** (2015), el término cesión no debe confundirse con el tema de la prestación de servicios ni transferencia internacional de datos en un servicio como el *cloud computing* (i) La prestación de servicios se lleva a cabo cuando el titular del banco de datos personales transfiere la información que posee a un tercero, ello a fin de que este último brinde un servicio de tratamiento que será especificado en el contrato que se suscriba, el que contendrá cuáles serán las medidas de seguridad y confidencialidad que se deben adoptar para el servicio, sin que exista cesión de datos a terceros. (ii) Por otro lado, la transferencia internacional se refiere a los datos que se pasarán a otra jurisdicción distinta a la argentina, lo que conllevará a aplicar otra legislación (párr. 8-9).

Teniendo esas distinciones, puede ahora explicarse que implicaría la cesión de datos personales, y que esta cuenta con la participación de determinados sujetos participantes; (i) el cesionario, (ii) el cedente y (iii) el cedido. Se debe considerar que en esta figura la cesión debe efectuarse entre dos personas morales diferentes (cedente y cesionario), siendo que el cesionario al momento de que se le ceden los datos personales tendrá la posibilidad de gestionarlos como «mejor considere», y justamente en ello puede radicar la prohibición de la cesión de datos personales, es decir; en el hecho de contemplar la posibilidad de que el cesionario administre los datos como «mejor le parezca» sin contemplar las finalidades por las que el titular de datos personales (cedido) autorizó el tratamiento de su información, por lo que es importante tener en cuenta que acciones se van a realizar sobre los datos personales.

Con lo expresado, ha se señalarse que en el tema del *cloud computing* puede también haber una prestación de servicios y una transferencia internacional de datos, en los que igualmente cabe aplicar la misma mecánica de identificación de sujetos intervinientes, estableciendo cuáles son sus obligaciones y los requisitos que cada uno de ellos debe cumplir, siendo, de nuevo, oportuno mencionar que tales circunstancias deben de ser apreciadas con detenimiento por el titular de datos personales al suscribir el contrato de tratamiento de datos personales. Finalmente, para la transferencia internacional de datos, los países que los albergarán deberán de contar con un nivel «adecuado» de protección de datos personales, según la legislación argentina y como lo requieren la mayoría de los países con estas normativas.

4.1.3.2. Ley de Protección de Datos Personales de Colombia

En el ordenamiento jurídico colombiano, en materia de protección de datos personales, se encuentra la Ley N.° 1581. Esta norma tiene por objeto velar por el derecho de toda persona de conocer, actualizar y rectificar su información recopilada en distintas bases de datos, asimismo, es de resaltar que tal derecho también tiene rango constitucional. Pero la norma no agota su protección ahí, puesto que a la vez se encarga de proteger otros derechos constitucionales como el de la intimidad y el buen nombre, ello es un aspecto similar a lo contemplado en la legislación argentina, cuyo espectro de protección, de la misma forma, es amplio.

Ahora, una peculiaridad de esta norma, que a la vez es una característica que la diferencia de la ley de Argentina es que solo se considera como titular de datos personales a las personas naturales y no a las personas jurídicas.

Otro aspecto importante de esta legislación es el desarrollo expreso sobre los derechos de la niñez y adolescencia en cuanto al tratamiento de sus datos personales. Así, se destaca la prohibición del tratamiento de tales datos, siendo la excepción aquellos datos personales de niños y adolescentes que sean de carácter público, los cuales sí podrán ser tratados. Además, se pone de manifiesto la obligación que tienen tanto el Estado como las instituciones educativas de brindar información y educar a quienes estén al cuidado de los niños y adolescentes (representantes legales y tutores) respecto a las posibles contingencias a las que estaría expuesto este grupo en referencia a la gestión inadecuada de su información. De igual manera, tales entes deben proporcionar orientación sobre el empleo diligente y seguro de los datos personales de la niñez y la adolescencia, así como del cuidado de su propia privacidad y resguardo de su información personal.

De igual modo, esta norma cuenta con una singularidad, y es que se habilita directamente a los herederos del titular de datos personales a solicitar información personal de aquel, independientemente del lugar en el que los datos personales se encuentren alojados. Por ello, ante tal solicitud, el responsable del tratamiento de datos o encargado del tratamiento de datos tendrán que proporcionar la referida información.

Siguiendo la línea de lo señalado en el párrafo anterior, se permite también que los herederos del titular de datos personales, o él mismo, puedan pedir la corrección, actualización o supresión de la información, ello a través de un reclamo frente al responsable del tratamiento de datos o el encargado del tratamiento de datos. En caso el trámite anterior no prospere, tanto el titular de datos personales, o sus herederos, podrán presentar una queja ante la Superintendencia de Industria y Comercio de Colombia, la que se encargará de disponer las acciones principales para garantizar el derecho de *hábeas data*.

Luego de la revisión integrada de los principales aspectos de esta legislación en materia de protección de datos personales, se constató, igualmente, la carencia de alguna disposición específica sobre el servicio del *cloud computing*. Sin embrago, como se verá líneas posteriores, hay algunos lineamientos y/o recomendaciones que la autoridad pertinente de este país ha emitido en cuanto a dicho servicio.

Antes de desarrollar el párrafo previo, y del mismo modo en el que se hizo anteriormente, de acuerdo a esta legislación es pertinente identificar a los intervinientes en el servicio del *cloud computing* en Colombia. En primer lugar, el responsable del tratamiento de datos es el que fijará cuáles son las finalidades del tratamiento de datos personales que le ha conferido el titular de datos personales. Asúmase el caso del responsable de tratamiento de datos que desee el almacenamiento de la información del titular de datos personales en la «nube», para tal responsable puede contratar los servicios de un proveedor de *cloud computing*, quien será para estos efectos el encargado del tratamiento de dato (encargado del almacenamiento de la información en sus plataformas). Para que se dé lo anterior, es claro que ha debido de existir el consentimiento del titular de datos personales.

Pero como bien se expresaba previamente, si bien la normativa de Colombia tampoco cuenta con una regulación especial sobre el *cloud computing*, la Superintendencia de Industria y Comercio (s.f.) ha puesto de manifiesto algunos aspectos a considerar sobre esta tecnología, sobre todo el documento está dirigido al responsable de tratamiento de datos como contratante de la «nube». Tales recomendaciones o lineamientos por considerar son los siguientes:

- La identificación del tipo de datos personales que serán tratados en la «nube».
- Revisión de los términos y condiciones consignados en el contrato de *cloud computing*.
- Investigar sobre la experiencia y profesionalidad del proveedor del *cloud computing*.
- Consultar sobre la localización de los servidores que el proveedor del *cloud computing* emplea y administra, ello en cuanto a los requisitos de acceso que efectúan los organismos competentes ubicados en el extranjero.
- Si el tratamiento de datos personales en la «nube» se llevara a cabo en el exterior, es esencial que se verifique si en el contrato de *cloud computing* se contempla que el dominio y responsabilidad del tratamiento de datos personales lo hará el responsable del tratamiento de datos.
- En el supuesto del tratamiento de datos personales en el exterior, el encargado del tratamiento de datos (proveedor de la «nube») deberá obligarse a:

- Respetar los lineamientos de tratamiento de datos personales que haya fijado el responsable del tratamiento de datos.
- Respetar los principios sobre tratamiento de datos personales.
- Proteger la seguridad de la base de datos.
- Mantener los datos personales en confidencial, caso contrario, el responsable del tratamiento de datos tendrá que requerir una declaración de conformidad a la Superintendencia de Industria y Comercio (p. 8).

Lo expresado por la entidad colombiana sienta el papel clave que cumple el responsable del tratamiento de datos, pues él, en primer término, será el cliente de los servicios de la «nube», y obviamente, después está el usuario o titular de datos personales cuya información se albergará en el servicio. Entonces, puede concluirse que, el responsable del tratamiento de datos debe de verificar, cuando contrate con un proveedor de *cloud computing*, que el servicio de la «nube» cumpla con todas las recomendaciones ofrecidas por la Superintendencia de Industria y Comercio de Colombia, las cuales claramente han sido emitidas teniendo en cuenta la legislación colombiana de protección de datos personales.

4.1.3.3. Ley de Protección de Datos Personales de México

En México, por otra parte, se encuentra la Ley Federal de Protección de Datos Personales en Posesión de los Particulares, que tiene como meta la protección de la privacidad y del derecho que tiene todo ciudadano a la autodeterminación informativa.

Desde el principio, esta norma cuenta con dos cuestiones interesantes; la primera es que solo se considera como titular de datos personales a las personas naturales (como en Colombia), la segunda es que esta legislación precisa que el tratamiento de datos personales estará a cargo de «particulares» (sea como responsables del tratamiento de datos o encargados del tratamiento de datos), descartándose del ámbito de aplicación a las entidades que forman parte de la administración pública; es decir, al menos en esta norma no se les considera ni como responsables del tratamiento de datos ni como encargados del tratamiento de datos.

Como la mayoría de normas de protección de datos personales, se manifiesta que para administrar los datos se requerirá del consentimiento expreso del propietario de los datos, claro está con las excepciones que menciona la norma. No obstante, también se ha considerado la existencia del «consentimiento tácito del titular de los datos personales», ello cuando a pesar de que al propietario de los datos se le haya proporcionado el «aviso de privacidad», este no exprese su oposición al aviso proporcionado. Empero, una apropiada salvedad es que el consentimiento tácito no operará cuando se trate de datos personales de carácter sensible, en cuyo caso sí se requerirá de contar con el consentimiento expreso y por escrito del titular de datos personales.

En esta norma también se considera la posibilidad de que el titular de datos personales pueda revocar su consentimiento cuando él lo decida, sin que se necesite de situaciones especiales para la revocación. A fin de que se concrete lo anterior, el responsable del tratamiento de datos deberá colocar en el aviso de privacidad cómo se llevará acabo el procedimiento de revocación.

En cuanto a la cancelación de datos personales, en la norma se ha previsto que cuando los datos ya no sean necesarios para concretar los fines que llevaron a su recopilación, el responsable del tratamiento de datos deberá cancelarlos, constituyendo una obligación.

Como en el RGPD y otras legislaciones sobre datos personales, se ha acogido el criterio de que el responsable del tratamiento de datos brinde, en el aviso de privacidad, al titular de datos personales información referida al domicilio del responsable del tratamiento de datos, las transferencias de datos, la finalidad por la cual se están recopilando los datos, entre otros.

De otro lado, se ha dispuesto que tanto el titular de datos personales como su representante legal puedan ejercitar los derechos ARCO, estos derechos podrá ejercerse sin ningún orden de prelación. Además de ello, el derecho de cancelación de datos personales podrá ejercitarse en cualquier momento. Sin embargo, se ha estimado algunos casos en los que no operará tal cancelación, por ejemplo; cuando los datos resulten indispensables a fin de salvaguardar intereses jurídicamente protegidos de su titular, o cuando los datos sirvan para concretar alguna acción relacionada al interés público.

Respecto a la transferencia de datos, sea a nivel nacional o internacional, esta se llevará de acuerdo a lo consignado en el aviso de privacidad, donde a la vez se indicará la aceptación o negativa del titular de datos personales para efectuar dicha transferencia. En cuanto a las obligaciones que debe seguir el receptor para la adecuada administración de datos, estas serán iguales a las que tenía el responsable del tratamiento de datos.

El tema de la transferencia internacional de datos personales, como se ha revisado en las legislaciones anteriores, tiene implicancias en el *cloud computing*, aunque no exista en la ley de protección de datos personales de México disposiciones específicas sobre la «nube». De ese modo, el artículo 36.° de dicha ley señala que el tercero que reciba los datos personales (encargado del tratamiento de datos), cuenta con la obligación de salvaguárdalos y establecer las mismas medidas de seguridad que el responsable del tratamiento de datos, para lo cual, obviamente, en el aviso de privacidad se le debe de haber comunicado al titular de datos personales sobre la existencia de una transferencia de datos personales a través de la «nube».

De otra parte, en la legislación mexicana, a fin de proteger los datos personales, se ha adoptado el Procedimiento de Protección de Derechos ante el «Instituto», tal procedimiento podrá ser incoado por el titular de datos personales o su representante legal, ello después de que el titular de datos personales reciba la respuesta por parte del responsable del tratamiento de datos sobre su solicitud de derechos ARCO. Asimismo, es de tener en consideración que tal procedimiento podrá ser activado cuando se reciba por parte del responsable del tratamiento de datos:

- Una respuesta negativa.
- No se reciba respuesta dentro del plazo correspondiente.
- La respuesta haya sido incompresible.
- La respuesta no se haya ajustado a la modificación solicitada, por ejemplo.

La decisión final que tome el Instituto podrá ser:(i) a favor del sobreseimiento de la solicitud de protección de datos personales (improcedencia), o en todo caso (ii) confirmar, revocar o modificar la respuesta que haya dado el responsable del tratamiento de datos.

Unos aspectos interesantes que ha considerado esta norma es la facultad del instituto para buscar que el titular de datos personales y el responsable del tratamiento de datos puedan conciliar. Y que en caso no se esté conforme con la decisión final que tomó el instituto, los privados podrán iniciar un juicio de nulidad ante el Tribunal Federal de Justicia Fiscal y Administrativa de México (pasándose de un procedimiento administrativo a uno judicial).

Si bien es cierto la ley mexicana de protección de datos personales no hace alusión al tema del *cloud computing*, el Reglamento de Ley Federal de Protección de Datos Personales en Posesión de los Particulares (en adelante, «Reglamento de la Ley Federal») sí hace mención del *cloud computing*, es más, cuenta con disposiciones interesantes sobre la materia.

En el artículo 52.° del Reglamento de la Ley Federal se encuentra la definición del *cloud computing*, además se señala que las compañías podrán emplear la «nube» a fin de cumplir los objetivos de la norma siempre que se cuenten con todos los criterios de seguridad, privacidad y confidencialidad, así como requerir el consentimiento del titular de datos personales.

Este Reglamento de la Ley Federal expresamente hace alusión a las subcontrataciones de la «nube», pudiendo efectuarse cuando el responsable del tratamiento de datos proporcione un contrato que haga mención de que el proveedor del *cloud computing* se compromete a asegurar los datos personales.

De acuerdo al artículo 57.° del dispositivo en examen, el responsable del tratamiento de datos y el encargado del tratamiento de datos están obligados a fijar diversas medidas (seguridad, confidencialidad, etc.) en aras de la protección de los datos personales, de acuerdo a la legislación mexicana.

Por ejemplo, el artículo 61.° del Reglamento de la Ley Federal menciona las medidas de seguridad que puede adoptar el responsable del tratamiento de datos, las cuales pueden ser:

- Elaborar un inventario sobre la información que se está tratando.
- Fijar las responsabilidades de los sujetos tratantes de los datos personales.
- Efectuar una evaluación de riesgos sobre los datos administrados, así como establecer previsiones de riesgos futuros.

- Efectuar auditorías.
- Brindar capacitaciones a los sujetos tratantes de los datos personales, entre otros.

Asimismo, cuando se modifiquen las medidas de seguridad, o los datos personales se vean afectados por alguna razón, las medidas adoptadas anteriormente tendrán que ser actualizadas. En caso se dé alguna violación sobre los datos personales, es obligación del responsable del tratamiento de datos comunicarlo con urgencia al titular de datos personales, pudiendo este último también protegerse como mejor le convenga (artículo 64.°).

Se constata así que, de las legislaciones de datos personales en Latinoamérica, revisadas hasta el momento, es la mexicana la que cuenta con una mayor precisión sobre las medidas legislativas que deben observarse en materia de la «nube», porque además de la definición del sistema y de los objetivos por los cuales se regula, se establecen las responsabilidades que debe cumplir el responsable del tratamiento de datos cuando contrate tal servicio para almacenar la información del titular de datos personales.

En relación al tema de la regulación del *cloud computing* en México, **Arellano** (2014) mencionó que es bien visto el hecho de que las compañías fijen parámetros de autorregulación respecto al *cloud computing*, los que son complementarios a los consignados en la normativa; ya que ello remarca el compromiso de las organizaciones de salvaguardar la privacidad de sus clientes. Lo anterior es esencial si se tiene en cuanta la protección que el proveedor del *cloud computing* debe prestar de forma similar al responsable del tratamiento de datos (p. 54).

Pues en efecto, lo formulado por el autor es correcto, en el sentido de que por más falta de regulación o vacíos legales que puedan encontrarse sobre las nuevas tecnologías, es una necesidad que los sujetos a los que el titular de datos personales le brinda su confianza para almacenar su información sean los que adopten las medidas necesarias para velar por la seguridad y confidencialidad de sus datos personales. Lo mencionado previamente también cuando el responsable del tratamiento de datos contrata al proveedor de la «nube», quien se desenvolverá como encargado del tratamiento de datos y que debe, asimismo, garantizar todos los estándares necesarios para la protección de los datos que almacena.

Es oportuno precisar que, si bien la ley mexicana de protección de datos personales y reglamento de la Ley Federal examinados hacen alusión únicamente al tratamiento de datos personales que le compete efectuar a «particulares», en México también se ha previsto una ley aparte para el tratamiento de datos personales que realicen las entidades públicas. Lo anterior por medio de la Ley General de Protección de Datos Personales en Posesión de Sujetos Obligados.

Brevemente, tal norma sirve para asegurar el ejercicio de los derechos ARCO por cualquier ciudadano. Es claro que tal ejercicio se dará cuando los datos estén siendo gestionados por entidades del sector público y órganos autónomos, e incluso cuando los datos personales sean administrados por partidos políticos.

Puede mencionarse como particularidades de esta norma las siguientes: (i) la protección de datos personales se restringe a temas de defensa del Estado, orden y salud públicos, así como para resguardar los derechos de terceros; (ii) no se contempla el tratamiento de datos personales sensibles, a menos que el titular de datos personales exprese su consentimiento, o por ley o por situación de emergencia ello sea necesario.

Ahora, ha de precisarse que en esta norma de datos personales para las entidades públicas no cuenta con una regulación sobre el *cloud computing*, y tampoco se le aplican las disposiciones que se mencionaron sobre la «nube» en Reglamento de la Ley Federal, puesto que como se ha visto los sujetos obligados son distintos. Sin embargo, en México para tales entes públicos existe el «Acuerdo por el que se establece el Esquema de Interoperabilidad y de Datos Abiertos de la Administración Pública Federal» (en adelante, «Acuerdo»). En el referido documento se precisa la definición del *cloud computing* y cómo se efectúa la portabilidad en la «nube», estableciéndose que ello implica la aptitud para desplazar un servicio de un proveedor hacia otro.

Un aspecto fundamental de tal documento viene a ser lo que las entidades de la administración pública deben tener en cuenta para alcanzar la interoperabilidad técnica, siendo que tienen que fijar los términos y condiciones de los contratos de la «nube», asegurando la portabilidad en este sistema en sus diversas modalidades de infraestructura: Infraestructura como Servicio (IaaS), Plataforma como Servicio (PaaS), y Software como Servicio (SaaS).

Así y entonces, a pesar de que esta última legislación en protección de datos personales que administran las entidades públicas, en México, no cuenta con una regulación específica sobre la «nube», a través de documentos como el Acuerdo se han precisado aspectos a considerar para la información que las entidades estatales albergan en dicho servicio.

Habiéndose efectuado el análisis de las normas de protección de datos personales de algunos países latinoamericanos, se corroboró que la regulación expresa del *cloud computing* es casi inexistente, quedando únicamente en muchos casos a recurrir a documentos emitidos por las entidades competentes de cada país en materia de protección de datos personales, o a lo que se puede interpretar de las legislaciones en base a las nuevas tecnologías, salvo el caso de México donde hay más avances significativos en cuanto a la regulación del *cloud computing* a través del Reglamento de la Ley Federal, donde se ha apreciado que se define el concepto del servicio, los objetivos para su prestación y las responsabilidades que les toca asumir a los tratantes de los datos personales.

No obstante, y como se revisaba en líneas previas con los Estándares de Protección de Datos Personales para los Estados Iberoamericanos y el *cloud computing*, lo ideal sería que los países del sector iberoamericano reunieran los esfuerzos necesarios para concretar una regulación unificada sobre protección de datos personales que abarque al *cloud computing*, teniendo en cuenta que las medidas que se acojan puedan ser las más razonables para la correcta protección de datos de los usuarios de la «nube», y para que sobre todo se brinden garantías adecuadas frente a los posibles riesgos que esta clase de tecnologías traen.

4.2. La legislación peruana y el *cloud computing*

En este apartado se efectuará la revisión de ciertas normas que son parte del ordenamiento jurídico del Perú, con la meta de tener una aproximación a la regulación legislativa que se le aplica al *cloud computing* específicamente en este país, no sin antes señalar que el criterio para realizar la aproximación normativa en la «nube» será la misma que se ha seguido cuando se examinó el RGPD y los demás instrumentos normativos, añadiéndose algunas materias más del derecho.

4.2.1. El *cloud computing* y los contratos civiles en Perú

En el Perú, en cuanto al servicio del *cloud computing* que ofrecen compañías de tecnología como Google, Amazon, y demás; en primer término y bajo los parámetros del Código Civil peruano, puede mencionarse que tal contratación es una manera válida y eficaz de acordar contratos de compraventa de bienes o servicios empleando el Internet. Lo anterior parte a raíz de que, en la legislación civil del Perú, a través de los artículos 141°, 141.°-A y 1374.°, se faculta a los contratantes (ejemplo, usuario de la «nube» y proveedor) a manifestar su voluntad por intermedio de plataformas y sistemas virtuales como el *cloud computing*.

Ahora bien, en el artículo 141.° de la norma civil de Perú, que es referente a la manifestación de la voluntad en los actos jurídicos, se precisa que el contratante (usuario de la «nube») puede manifestar su voluntad expresa por cualquier medio virtual u otro semejante. En ese sentido, se ve que la legislación civil del Perú está a la par de los adelantos de la tecnología porque les permite a las personas contratar sin requerir su presencia física o sin usar papel, sino que todo puede ser por medios electrónicos.

Es de manifestar que, el haber el legislador consignado dicha disposición en el Código Civil de Perú ha representado una ventaja en temas de contratación en general, ya que de una forma ayuda a cubrir los vacíos y solucionar los conflictos que antes existían respecto a la contratación por medios electrónicos, que al no contemplarse parecería no estar permitida. De la misma forma, la previsión de que sea factible que los sujetos manifiesten su voluntad a través de medios virtuales para contratar produce un fortalecimiento en las negociaciones, en otras palabras; permite que las negociaciones se efectúen con más celeridad, y así se evita abundantes costos de transacción, beneficiando a ambas partes del contrato (usuarios y proveedores de la «nube»).

Igualmente, en el artículo 141.°-A del Código Civil de Perú, respecto a la forma en la que se debe manifestar la voluntad en los actos jurídicos, se enuncia que la manifestación de voluntad cuando requiera ser exteriorizada puede hacerse mediante una comunicación por medio de instrumentos electrónicos u otros semejantes que generalmente se usan para celebrar contratos.

Respecto a lo que ha sido consignado en el dispositivo citado del Código Civil peruano (artículo 141.°-A), es de destacar que este contiene un cambio sumamente relevante en relación a la manera en cómo se pactan los contratos, debido a que se requiere de una exigencia «*ad solemnitatem*», siendo que ahora también puede darse ello por medio de sistemas electrónicos. No hay por tanto necesidad de que el instrumento o la firma de los celebrantes se efectúe estando físicamente el notario, como se hacía tradicionalmente, puesto que es permitido que la firma sea digital (Changary, 2011, p. 76).

Por lo tanto, la norma civil peruana en materia de contratos da plena facultad de contratar electrónicamente, como por ejemplo cuando una de las partes envía la oferta por correo electrónico y la contraparte con el envío de un mensaje de respuesta acepta tal ofrecimiento. En casos en los que los documentos si requieran el rigor de ser legalizados notarialmente, ello podrá hacerse con firmas electrónicas, no teniendo las partes que ir hasta las notarías y que el notario compruebe sus existencias, ya que los datos biométricos son la solución ante cualquier duda o inconveniente sobre la identidad de las personas.

Es importante, de igual modo, referir que el artículo 1374.° del mismo cuerpo normativo, en vinculación al conocimiento y contratación entre ausentes precisa que puede catalogarse como una contratación entre ausentes a la contratación que se realiza a través de medios electrónicos. Lo anterior quiere decir que tal forma de contratación es una forma de compraventa ejecutada sin requerirse la asistencia física de los celebrantes del contrato.

Teniendo en cuenta lo anterior con relación a la contratación electrónica (contratación entre ausentes) sería necesario colocar un breve ejemplo de este para que se entienda; así, esta se produce cuando el emisor expide una comunicación (oferta) a través de medios electrónicos (correo, por ejemplo) al receptor, siendo que este último informará su parecer al remitir una comunicación de respuesta (cuyo mensaje puede ser positivo o negativo). Ahora, el Código Civil de Perú considera que el recibimiento de la oferta se genera cuando el emisor recibe el acuse de recibo, y tal acuse de recibo puede entenderse como un sistema electrónico por medio del cual el emisor toma conocimiento de si el receptor leyó su mensaje (Changary, 2011, p. 77).

Demás está decir que tal forma de contratación también aplica al sistema del *cloud computing*, porque como se sabe ahora las compañías de tecnología lo que hacen es ofrecerles a los usuarios sus productos y servicios por medios electrónicos, y justamente por ahí pueden celebrar contratos sobre estos servicios, incluso ello aplica cuando luego de tener el servicio del *cloud computing*, se les envía a los usuarios actualizaciones de la «nube» (como puede ser la aceptación términos y condiciones para la trasferencia de datos a nivel internacional que en un inicio el servicio no tenía). También aplica cuando el responsable del tratamiento de datos le informe al titular de datos personales que su información puede ser alojada en la «nube», teniendo para esos efectos que aceptar tal oferta el propietario de los datos.

Así y considerando lo expuesto, es de resaltarse que el avance tecnológico de la «nube» ha ido tomando escalas inimaginables, por tal situación, las compañías que prestan servicios tecnológicos vieron oportuna la incorporación del *cloud computing* entre los servicios que ofrecían, lo que hizo a la vez que distintos países tuviesen que insertar en sus legislaciones aspectos que comprendieran de alguna forma esta y otras clases de tecnologías, aunque aún con incipientes disposiciones.

Como bien se mencionaba, para que los usuarios puedan usar los programas en la «nube», tienen que aprobar los términos y condiciones que vienen en los aplicativos o contratar directamente el servicio, o puede ser por medio del responsable del tratamiento de datos. En el primer caso, si no aceptan tales términos y condiciones no podrán utilizar la «nube», en el segundo caso, será el usuario quien directamente contratará el servicio revisando todas las cláusulas del contrato; finalmente, en el tercer caso el responsable del tratamiento de datos tendrá que informarle al titular de datos personales sobre la opción de albergar su información en la «nube» y requerir el consentimiento. Debe quedar claro que el tema de los términos y condiciones hace referencia a que en efecto se está ante un «contrato sobre el servicio de la nube», y es justamente ahí donde también radica su trascendencia en el derecho de los contratos. Cabe mencionar que tales contratos (aceptación de términos y condiciones) de acceso a la «nube» tienen la condición de ser «contratos por adhesión», según lo propuesto por el derecho civil.

Al respecto sobre los contratos por adhesión, DE LA PUENTE Y LAVALLE (como fue citado en NÁJAR, 2018, p. 10) sostuvo que tal clase de contrato cuenta con dos factores que lo distingue de los demás contratos respecto de las condiciones que tendrán las cláusulas. Los referidos factores o componentes hacen alusión a que; (i) en los contratos por adhesión es únicamente una de las partes contratantes la que fija los términos contractuales, sin ser necesario que la parte contraria intervenga. (ii) El otro factor consiste en que, la parte contratante que elaboró cada una de las cláusulas informará a su contraparte que su oferta no se verá sometida a modificación alguna, y que en caso dicha parte (la contraparte) se manifieste en desacuerdo, ello supondrá el rechazo incondicional de la oferta.

La disposición respecto a los contratos por adhesión encuentra su base en lo referido en la normativa civil peruana, en particular en su artículo 1390.°, que en líneas generales menciona lo sentado por el catedrático DE LA PUENTE Y LAVALLE. Así también, en el artículo 1392.° del mismo cuerpo jurídico se destacan las cláusulas genéricas de la contratación por adhesión, las que se caracterizan porque solamente una de las partes las coloca con anticipación, como bien es el caso de los términos y condiciones que utilizan las empresas que ofrecen servicios digitales como la «nube».

4.2.2. El *cloud computing* y la Ley de Protección de Datos Personales de Perú

Como se ha venido mencionado, la legislación a tener en cuenta para el *cloud computing* es la referida a la protección de datos personales porque justamente en la «nube» se almacenan y transfieren datos. Pues bien, en el ordenamiento jurídico peruano, desde el año 2011, la norma que se encarga sobre la regulación de la protección de datos personales es la Ley N.° 29733, Ley de Protección de Datos Personales (en delante, «LPDP»). La LPDP cuenta con la finalidad de garantizar el correcto tratamiento de los datos personales, con motivo de cautelar el derecho esencial a la «protección de datos personales», concordando así con lo prescrito en el numeral 6 del artículo 2.° de la Constitución Política peruana, referido a que los servicios informáticos, computarizados o no, públicos o privados, no proporcionen información que dañe la intimidad personal y familiar de las personas.

Como tal norma protege el derecho a la protección de datos personales, aquí es necesario indicar qué este derecho constituye un «derecho de la personalidad», cuyo bien jurídico protegido es inherente a las personas, siendo que les permite desarrollar plenamente su personalidad; por lo que su vulneración supondrá una limitación para el goce y disfrute de las libertades (HERRÁN, 2003, p. 16). Por tanto, de lo mencionado sobre tal derecho se desprende su importancia, y a la vez, la razón por la cual en diversas legislaciones del mundo se ha considerado protegerlo mediante una norma especial, y cualquier vulneración que se produzca sobre aquel alterará su esencia y limitará el libre desenvolvimiento de la personalidad de las personas, sustentándose en ello su consagración constitucional en el Perú.

Ahora bien, para que se pueda saber qué aspectos contempla la normativa de datos personales en Perú sobre el *cloud computing*, como bien se ha visto en los instrumentos internacionales previamente revisados, es imperante que se realice un examen respecto al contenido general de tal legislación. Lo dicho con el objetivo de tener en claro si es que el servicio de la «nube» es regulado de forma expresa y de ser así cuáles serían las cuestiones reguladas, como en el RGPD y en otras normas; o en todo caso ver si es que se encuentran algunas lagunas jurídicas en cuanto a su regulación.

En primer término, para analizar la LPDP, es relevante presentar la definición de ciertos conceptos, tales como los referidos a los entes y sujetos receptores de esta legislación. Mencionado ello, se cuentan pues con los conceptos siguientes:

1. **Datos personales:** Es el conjunto de información que sirve para la identificación de una persona física a través ciertos instrumentos, los que deben ser prudencialmente utilizados.
2. **Titular de datos personales:** Es el dueño de los datos personales, en otras palabras; las personas físicas.
3. **Banco de datos personales:** Compuesto por una serie de datos personales sistematizados, automatizado o no, sin importar el soporte (físico, magnético, digital, óptico u otros elaborados), y la manera en que se crea, forma, almacena, organiza y accede.
4. **Titular del banco de datos personales:** Es una persona física o jurídica, pudiendo ser un ente privado o público. Su función es establecer el propósito y contenido del banco de datos personales, cómo será el tratamiento de datos personales y las consideraciones en materia de seguridad.

5. **Encargado del tratamiento de datos:** Es una persona física, o persona jurídica (entre privado o público) que, actuando individualmente o en asistencia con otra, ejecuta el tratamiento de los datos personales a petición de quien es el titular de tal banco de datos personales. Se debe precisar que, no necesariamente quien efectúe el tratamiento debe ser alguien que cuente con un banco de datos personales.

De lo hasta aquí revisado en esta legislación puede establecerse que, a diferencia de la legislación de Argentina, en Perú el titular de datos personales solo puede ser la persona natural mas no la jurídica. De igual modo, otra distinción tanto con la legislación argentina como la de Colombia es que el derecho que se tutela por esta norma es el derecho a la protección de datos personales y no el derecho al honor o buen nombre como en Argentina o Colombia, ni el derecho a la autodeterminación informativa como en México. Justamente por aquellas diferencias expresadas es que en los «Estándares de Protección de Datos Personales para los Estados Iberoamericanos» se recomendaba a los países de Iberoamérica a adoptar consensos para crear una regulación uniforme de datos personales, posibilitando ello una mejor dinamización y circulación de la información internacionalmente, con niveles de seguridad adecuados de acuerdo a la regulación normativa.

Siguiendo con la revisión de la normativa, debe indicarse que constituye una obligación del responsable del tratamiento de datos y del encargado del tratamiento de datos proporcionar a la Autoridad Nacional de Protección de Datos Personales (en adelante, «ANPDP») toda la información sobre el tratamiento de datos que tal institución necesite, asimismo, los mencionados sujetos deberán posibilitar que la ANPDP tenga acceso a los bancos de datos personales, ello con el fin de que dicha autoridad ejerza sus competencias (un ejemplo de ello sería el inicio del procedimiento administrativo cuando existe la vulneración de los derechos del usuario que usa el sistema de la «nube») (artículo 28.° de la LPDP).

También es importante hacer énfasis que la LPDP fue ideada con la intención de dar una real garantía al derecho fundamental de la intimidad que asiste a todo individuo, siendo que el tratamiento de datos personales deberá ajustarse a los criterio de «proporcionalidad» y «seguridad». En otras palabras, la información que se almacene en la «nube» será usada para los fines que determine la ley, ni más ni menos, y claramente guardando todas las medidas de seguridad necesarias a fin de prevenir el tráfico o empleo ilícito de la información de una persona.

De igual forma, esta norma contiene un listado de obligaciones que deberán ser observadas por las empresas a fin de contar con un idóneo tratamiento de datos personales de quienes son sus clientes, proveedores, operarios y demás sujetos con los que mantengan un vínculo económico.

Así también, esta legislación y su respectivo reglamento convienen en el reconocimiento de los derechos que poseen los titulares de datos personales, que a su vez va de la mano con lo prescrito en el inciso 7) del artículo 2.° de la Constitución Política del Perú, donde también se hace mención al derecho que toda persona tiene sobre su intimidad personal y familiar. Por ello, a través de los servicios informáticos existe la obligación negativa de no facilitar «cualquier clase de información que genere algún daño en los usuarios», lo que concuerda con lo anteriormente revisado en el inciso 6), artículo 2.° de la Constitución Política peruana. Debe saberse, asimismo, que lo descrito en la disposición constitucional también implica que es el propietario de los datos personales el único llamado a expresar su venia o consentimiento para que se lleve a cabo el tratamiento de la información que brinda.

Ahora, lo expresado hasta el momento sobre cuál es el fundamento de esta normativa, y en general lo que implica el derecho de protección de datos personales de los ciudadanos es necesario, puesto que no es menos sabido que la cultura de protección de datos personales aún resulta ajena a las personas, quienes desconocen de este derecho y cómo protegerlo, con lo que la inclusión, tratamiento y transmisión no consentida de sus datos en noveles tecnologías (como el *cloud computing*) puede generar grandes problemas en diversos aspectos de sus vidas (personal, social o laboral) (Quiroz, 2016, p. 35).

En efecto, muchos usuarios de Internet desconocen sus derechos, más aún cuando ello implica el uso de nuevas tecnologías como la «nube», sin embargo, legislaciones como la LPDP muestran de forma didáctica qué es lo primero que deben de tener en cuenta las personas cuando alguna organización va a tratar sus datos personales. Un claro ejemplo de lo útil y sencillo que puede ser la LPDP es cuando se hace una mención clara sobre el «consentimiento» que debe brindar el titular de datos personales para el tratamiento de su información, que además es la base para toda gestión de datos personales.

Así, respecto al consentimiento, que es si se quiere el componente esencial en la legislación de datos personales, es importante resaltar que este posee un efecto positivo y negativo. El efecto positivo implica que el titular de datos personales debe manifestar fehacientemente su autorización para que su información sea almacenada y tratada en un banco de datos personales. El efecto negativo, por el contrario, implica que al no haber expresado el titular de datos personales su autorización para la administración y almacenamiento de sus datos, ninguna organización puede incluir su información en sus bases de datos.

La LPDP prescribe que para que el consentimiento se entienda ciertamente dado por el titular de datos personales, es necesario que este sea libre (sin vicios de la voluntad), previo (antes del almacenamiento de la información en los bancos de datos), expreso e inequívoco (no debe caber duda sobre la voluntad del usuario de que sus datos sean gestionados), e informado (se debe brindar al titular de datos personales toda información relativa a lo que implica el almacenamiento de sus datos).

Tabla 3

Componentes del consentimiento

Libre	Previo	Expreso e Inequívoco	Informado
El consentimiento del titular de datos personales ha de ser conforme a su voluntad.	El suministro de datos debe ser solicitado de forma anterior a su recopilación.	No deben existir dudas respecto a la forma en la que se ha proporcionado la información por parte del titular de datos personales.	Este aspecto implica tener en cuenta cuatro preguntas; quién, para qué, por qué y cómo van a ser administrados los datos personales.

Nota. La LPDP señala taxativamente que para el tratamiento de datos personales el titular de datos personales debe brindar su consentimiento.

Se puede observar que para que el consentimiento sea considerado como válido es necesario que cuente con cuatro componentes.

Esta tabla ha sido adaptada del «Reglamento de la Ley N.° 29733 - Ley de Protección de Datos Personales», por Diario Oficial El Peruano, Editora Perú, 2013, p. 15.

Considerar cómo está conformado el consentimiento del titular de datos personales, para el tratamiento de su información, evitará que en un futuro surjan discrepancias de sí la voluntad del propietario de datos fue que su información fuese tratada, puesto que únicamente es válida tal administración de datos si se han reunido los cuatro componentes examinados, pues lo contrario supondría vicios en el consentimiento del titular de datos personales, y por tanto su no autorización.

Con la referencia que se ha propuesto hasta este momento de la LPDP, debe decirse que en tal norma no existe una regulación concreta o expresa en relación al *cloud computing* en el Perú. No obstante, está la existencia de los «Lineamientos para el Uso de Servicios en la Nube para entidades de la Administración Pública del Estado Peruano» (en adelante, «Los Lineamientos»), pero dicho documento es solo de aplicación a la «nube» usada por las entidades públicas que guardan datos de los administrados.

Brevemente sobre Los Lineamientos, este documento fue aprobado el 12 de enero de 2018, mediante la Resolución de Secretaría de Gobierno Digital N.° 001-2018 PCM/SEGDI. Tal instrumento hace referencia a la contratación de los servicios de la «nube» por parte de las entidades de la administración pública, donde aquellas al contratar tales servicios asumen la responsabilidad por; (i) las contingencias que sufran los datos que almacenan y (ii) por los problemas que presentan los servicios que brindan. Asimismo, el instrumento hace mención de la potestad de las entidades públicas para efectuar controles sobre los servicios del *cloud computing*. Finalmente, los Lineamientos son de aplicación para todos los entes estatales del Sistema Nacional de Informática, pero las demás entidades del Estado pueden adoptarlos, si lo estiman conveniente.

Sin embargo, y pese a no encontrarse una regulación especial del *cloud computing*, la LPDP de Perú le es aplicable, ello debido a que como toda ley de datos personales esta alberga el supuesto de «almacenamiento y transferencia de datos», por lo que los datos alojados en la «nube» tendrán una protección en el marco de dicha ley, y se recalca que ello es independientemente de los inconvenientes que se puedan presentar por la falta de políticas, o una legislación especial sobre *cloud computing*. Entonces, puede decirse en un primer término que la LPDP permite el almacenamiento, uso, intercambio, y transferencia de datos en la «nube».

Además, ha de verse que esta ley posee con una gran esfera de alcance, por ejemplo, con relación al «banco de datos», que es la plataforma que permite almacenar la información en cualquier soporte, por ejemplo la «nube». Tal vez por la inadecuada regulación de los servicios como el *cloud computing* quepa la probabilidad de hallar ciertos problemas en relación a la información que ahí se alberga; por tanto, lo ideal sería elaborar normas y políticas especiales que le sean de aplicación a este tipo de tecnologías.

En otro orden de ideas, un aspecto crítico sobre el tratamiento de datos personales aparece cuando el titular de los mismos ya no cuenta con el deseo de que sus datos permanezcan y continúen bajo la gestión de terceras personas (el encargado del tratamiento de datos en la «nube», por ejemplo). Cuando se presenta tal supuesto, el cómo abordar tal situación encuentra su respuesta en lo dispuesto en la LPDP, ello siguiendo el criterio que, así como desde un inicio el titular de datos dio su venia para el almacenamiento de información, su gestión y propagación, después y si así lo desea, este tiene la facultad de solicitar el no tratamiento de sus datos personales a través del derecho de «revocación». Lo anterior con la meta de retirar el consentimiento brindado previamente, realizándolo cuando mejor le parezca. Este aspecto será tocado con mayor precisión más adelante.

4.2.2.1. De los datos almacenados en el *cloud computing*

Siguiendo con la revisión detenida de la LPDP y su vinculación con el *cloud computing*, este apartado se encuentra vinculado con el tipo de datos que se almacenan en la «nube».

Primero, es de destacarse que el tiempo en que se almacena la información en la «nube» será de acuerdo al objetivo por el cual los datos se acopiaron, también tiene que ver con la pertinencia y la venia dada por el titular de datos personales. Por tal razón, puede asegurarse que el consentimiento dado se revocará cuando se estime conveniente.

Lo que fue referido es de aplicación cuando «particularmente» un usuario adquiera el servicio de la «nube» y se trate determinada información. Sin embargo, se dan casos en los que quienes usan la «nube» son organismos públicos, que igualmente guardan datos personales de sus administrados en la «nube». Así, en la «nube» de tales organismos se encuentra información a la que puede acceder todo ciudadano, información de carácter público, y que por tanto es información que no abarca el espectro de la confidencialidad. Un ejemplo exacto de ello es la información registrada en Superintendencia Nacional de Registros Públicos del Perú (SUNARP), información que se rige bajo el criterio de «presunción conocida», no admitiéndose así alguna prueba en contra, lo que a su vez trae como consecuencia la negativa de que tal información se retire a sola petición.

Ahora, existe supuesto en los que determinada información si puede ser catalogada de confidencial, por ejemplo; los secretos crediticios, secretos financieros, historiales sanitarios; y toda información que esté estrechamente relacionada con la intimidad de las personas o su familia (datos sensibles). Sobre este particular se cree conveniente que si alguna entidad bancaria o establecimiento médico guardará la información de sus clientes en la «nube», ello debe de ser especificado en los contratos o en formularios que usen tales organizaciones; ya que se requiere que el cliente brinde su consentimiento para que tal información sea alojada en un sistema como el *cloud computing*, y claramente, como consumidor diligente, el cliente debe de leer los contratos y decidir si le conviene que su información sea albergada en la «nube» o no, caso contrario el usuario es libre de buscar otra organización que se ajuste a sus intereses.

Por ello, aquí también debe destacarse que, para obtener los datos personales, resulta imperioso que el propietario de los datos brinde su «consentimiento», a menos que se apliquen las excepciones dispuestas en el artículo 14.° de la LPDP. Las excepciones del mencionado artículo hacen referencia a que no será necesario el consentimiento del titular de datos personales para realizar el tratamiento de datos, lo que es distinto a la obligación de informar que dichos datos tratados serán subidos a la «nube» (información que sí debe brindar, tal y como se veía en el RGPD). Un ejemplo en el cual no es necesario el consentimiento del titular de datos personales es el que se veía de los organismos públicos que necesitan de la información de los administrados.

También, por medio de los artículos 18.° y 19.° de la LPDP se detalla sobre el derecho que tiene el titular de datos personales, registrados en la «nube», para recibir información minuciosa, asequible, manifiesta, cierta y previa respecto a la finalidad con la que se tratarán sus datos personales. Si es que el encargado del tratamiento de datos vulnera tal disposición, existe la opción de que el titular de datos personales sea indemnizado (artículo 25.° de la LPDP). Ahora, si la información del titular se obtuvo previamente a la vigencia de la LPDP, se tendrá que remitir al titular una comunicación donde, de igual forma, se le exprese el motivo por el cual serán tratados sus datos.

4.2.2.2. El *cloud computing* y el flujo transfronterizo de datos en la Ley de Protección de Datos Personales de Perú

La LPDP avala totalmente el tráfico lícito de información, ello se ve cuando en tal ley se establece la definición de dicha institución, considerándolo como un procedimiento que se basa en la transferencia internacional de datos personales hacia un destinatario que se encuentra localizado en otro territorio (por ejemplo, Estados Unidos) distinto al de donde tienen origen los datos personales (en este caso, Perú). Tal procedimiento se da con independencia del soporte en el cual se encuentran los datos («nube»), los medios a través de los que se generó la transmisión, o el tratamiento aplicado a los datos (artículo 2.°, numeral 10 de la LPDP).

El procedimiento de transferencia internacional de datos personales le corresponde al titular del banco de datos personales, y también al encargado del tratamiento de datos. Se debe mencionar que es la propia LPDP que señala que la concreción de tal transferencia será observando el «Principio de nivel de protección adecuado» establecido en su artículo 11.°. Dicho dispositivo hace hincapié que, será viable la transferencia internacional de datos personales solamente cuando se compruebe que la remisión de los datos se hace hacia un país que tenga niveles idóneos de protección de datos, los que deben ser semejantes a los consignados en la LPDP; o también cuando el emisor brinde garantías respecto a que el tratamiento de datos se ejecutará en concordancia con lo prescrito en la LPDP o cumpliendo con los estándares internacionales que regulan dicho procedimiento (cabe precisar que esto último ocurrirá cuando los países receptores de los datos personales no cuenten con un eficiente nivel de protección para ello).

Que el país receptor de los datos personales no tenga un nivel adecuado de protección para tales datos constituye un inconveniente. Sobre tal tema, **Muñoz** (como fue citado en **Castillo**, 2001, p. 44) expresó que hay algunos obstáculos cuando de transmisión de datos personales hacia el exterior se habla, con ocasión que la transmisión generada de un país con buenos niveles de protección de datos hacia uno con un nivel de protección carente supone la filtración ilícita de tales datos alrededor de todo el globo, llegando a vulnerarse el derecho a la intimidad de quienes son los propietarios de los datos personales.

A pesar de tan compleja disyuntiva, internacionalmente hay instrumentos que dan buenas opciones para hacerle frente a estas dificultades. Los dispositivos en cuestión, además de los mencionados en la Tabla 1, vienen a ser, por ejemplo, las directivas promulgadas que tratan sobre el aseguramiento del derecho a la intimidad y los flujos de información de los sujetos a la Organización para la Cooperación y el Desarrollo Económico (OCDE), este documento menciona el «Principio de equivalencia», que confiere la total facultad a un país parte de la OCDE de rehusarse a la transmisión de datos personales destinados a un Estado que carezca de garantías similares a las que sí posee el miembro de la OCDE. Igualmente, las directivas pormenorizan que los países sujetos a la OCDE pueden consagrar la igualdad de protección o equivalencia antes señalada mediante la autorregulación.

Es así que el hecho que el país destinatario de los datos personales no ofrezca garantías legislativas para proteger la información que recibe, ha hecho que la Unión Europea a través del RGPD, o China con la PIPL únicamente permitan tal trasferencia si los destinatarios cumplen con tener ciertas certificaciones o pasan exámenes de seguridad. Por ejemplo, los países miembros de la OCDE solamente facultarán la transmisión internacional de datos hacia países con un deficiente nivel de protección si es que estos últimos cumplen con una serie de criterios y dispositivos brindados por los propios países de la OCDE. Tales dispositivos pueden ser; los Códigos de Conducta, cláusulas sobre protección de datos personales, etc., no obstante, los miembros de la OCDE pueden rechazar tal transferencia si siguen considerando que los datos personales correrán riesgo en materia de seguridad debido al carente nivel de protección de los destinatarios de datos.

De otra cuenta, es una necesidad referir que la legislación de Perú, país que por cierto no es parte de la OCDE, acoge excepciones al «Principio de nivel de protección adecuado» para que se pueda concretar la transferencia. Lo anterior puede verse según lo establecido en el artículo 15.° de la LPDP.

Las excepciones más relevantes vienen a ser las siguientes:

1. Los casos en que los datos personales sí o sí son esenciales para llevar a cabo la ejecución de un vínculo contractual donde el propietario de la información sea una de las partes contratantes (autentificación de usuario, vigilancia respecto a la calidad de servicio, facturación y todas las actividades que contribuyan al desenvolvimiento del vínculo contractual).
2. Los casos en los que haya acuerdos internacionales respecto al tema de transferencia, donde el Estado de Perú sea parte, o casos que se den en el marco de un acuerdo judicial internacional.
3. Los casos en los que sea comprobado que el titular de datos personales dio su consentimiento, el cual ha de haber sido previo, informado, expreso e inequívoco.

De la revisión de las excepciones que contempla la LPDP, en comparación con el RGPD y la PIPL de China, Perú, por así decirlo, se muestra más flexible; ya que no se requerirá, por ejemplo, que el destinatario que no cuente con un buen nivel de protección cumpla con pasar exámenes de seguridad o que cuente con ciertas certificaciones, sino que solo bastará comprobar el «consentimiento» para la transferencia, o solo se requiera que dicha transferencia deba efectuarse para ejecutar un contrato. Ello si bien puede constituir un «beneficio» para la rapidez del tráfico de datos personales, también puede representar un riesgo de seguridad, dejándose a merced de los usuarios asumir los peligros de seguridad como el robo de su información. Es así que se considera más apropiado lo previsto por el RGPD y la PIPL de China; puesto que a toda costa privilegian la protección de datos personales, cuestión que sería pertinente revisar en Perú.

Luego de tales referencias, es igualmente importante repasar algunos supuestos de aplicación de la legislación de datos personales en el sistema de la «nube» en materia de transferencia internacional de datos. Por ejemplo, téngase el caso de que el uso de los servicios de la «nube» es proporcionado por una compañía extranjera (Italia) en el territorio del Perú, a un usuario también radicado en Perú y que implicará la transferencia de datos, la pregunta sería ¿Qué legislación se aplicará en ese caso? Pues bien, en tal situación la legislación jurídica a aplicarse sería la internacional que trata sobre los contratos de adhesión (en el ejemplo, Italia). En cuanto a los datos y servicios obtenidos, estos quedarán en el ámbito de una normativa en la que se regule el almacenamiento y transferencia de datos. En el ejemplo dado, la legislación de la Unión Europea se destaca por ser una de las más completas en la materia, y porque en el supuesto el proveedor es de Italia, y es bajo sus términos que se han establecido las cláusulas, por tanto, lo más lógico sería aplicar el RGPD y las Resoluciones de Parlamento Europeo sobre el tema.

Asimismo, es de precisar que, en su gran mayoría, las aplicaciones que ofertan contenidos en la «nube» están sujetas a lo prescrito por la regulación de su propia jurisdicción. Por ese motivo, en caso se den confrontaciones entre la normativa de datos personales vigente en territorio peruano (LPDP) y del país que ofrece el *cloud computing* (RGPD), la solución de cualquier controversia que se presente será resuelto en base a lo determinado por las disposiciones consignadas en la parte de «Términos y Condiciones» de la aplicación ofertada (que generalmente son las referentes a la jurisdicción del país que ofrece el servicio de la «nube»); por ello si tal servicio lo ofrece Italia, y se fija en la parte de «Términos y Condiciones» que la normativa aplicable para resolver las controversias es la perteneciente a su jurisdicción, será la RGPD la norma a tener en cuenta.

4.2.3. El *cloud computing* y el Reglamento de Protección de Datos Personales de Perú

Con igual sentido que la LPDP, el Decreto Supremo N.° 003-2013-JUS (en adelante, «Reglamento de la LPDP») tiene como fin salvaguardar el derecho fundamental a la protección de datos personales, datos que como se ha visto manejan los organismos públicos y las organizaciones del ámbito privado.

Pero a diferencia de la LPDP, en el Reglamento de la LPDP si se puede encontrar ciertos dispositivos aplicables a la «nube», aunque en tal norma no se define expresamente al servicio como si se hace en México, por ejemplo. En el Reglamento de Perú, se entendería que el *cloud computing* está regulado a través del tratamiento de datos personales que se realiza con medios tecnológicos tercerizados, entre los que se encuentran los servicios de infraestructura, como lo es la «nube», siendo que el responsable del tratamiento de datos puede contratar tal servicio, de acuerdo al artículo 33.° del dispositivo en comento.

El Reglamento de la LPDP también estipula una serie de parámetros que tendrán que ser tomados en cuenta para administrar datos personales a través de medios tercerizados, por las cuales debe velar en todo momento el responsable del tratamiento de datos. Entre los parámetros se pueden destacar; (i) la imposibilidad para que el proveedor de la «nube» asuma la titularidad del banco de datos personales que es parte de la tercerización, y (ii) el mantenimiento de la confidencialidad de la información tratada. Asimismo, se ha previsto que el proveedor de la «nube» deba contar con ciertos mecanismos para el tratamiento de datos personales, dentro de los que resaltan; (i) el establecimiento de medidas de seguridad, (ii) el posibilitar que el responsable del tratamiento de datos restrinja el tratamiento que se da en la «nube», y (iii) la información que el proveedor de la «nube» debe proporcionar respecto de los cambios de sus políticas de privacidad.

Es de precisarse que se ha contemplado la imposibilidad de que el proveedor de la «nube», como encargado del tratamiento de datos, transfiera sin la autorización del responsable del tratamiento de datos la información de los titulares de datos personales, salvo que lo contrario haya sido acordado. Finalmente, este dispositivo ha contemplado la opción de que el encargado del tratamiento de datos (proveedor de la «nube») pueda subcontratar los servicios del *cloud computing*, requiriéndose obviamente un contrato o convenio que autorice tal acto, ello bajo responsabilidad del responsable del tratamiento de datos.

Se ha visto pues que, en Perú, casi de la misma forma que en México, hay un tratamiento de la «nube», aunque a diferencia de la Reglamento de la Ley Federal, el reglamento de la LPDP no menciona expresamente que se regula el *cloud computing* ni hace alusión a qué significa este sistema, solo se interpreta su regulación a partir de la fórmula «servicios tercerizados». Sin embargo, se destaca la existencia de parámetros impuestos para el tratamiento de la información en esta clase de servicios, recayendo en primer lugar la responsabilidad en el responsable del tratamiento de datos, quien a fin de administrar correctamente la información del titular de datos personales puede contratar los servicios del *cloud computing*. Empero, ante los riesgos por el escalonado uso de este servicio unos cuantos artículos sobre la «nube» se muestran como insuficientes.

Por otra parte, del mismo modo que la LPDP, el Reglamento de la LPDP brinda algunas definiciones importantes a tener en cuenta, a fin de saber quiénes más participan en el tratamiento de datos personales.

1. **Banco de datos personales no automatizado**: Constituido por una serie de datos que no se encuentran computarizados y estructurados de acuerdo a parámetros especiales, y que son de acceso sencillo. Estos datos son pertenecientes a personas naturales.
2. **Emisor de datos personales**: Puede ser o bien el titular del banco de datos personales, o quien se constituya como responsable del tratamiento de datos personales. El emisor debe de estar localizado en Perú, y su función será la de transferir datos personales hacia otro país.
3. **Receptor de datos personales:** Puede ser una persona física o jurídica pública o privada. El receptor se encargará de recibir los datos personales en el supuesto de transferencia internacional, labor que la puede ejercer de la siguiente forma, como:
   - Titular del banco de datos personales.
   - Encargado del banco de datos personales.
   - Un tercero.

4. **Responsable del tratamiento de datos personales:** Decidirá cómo se hará el tratamiento de datos personales, sin importar si los datos están alojados en un banco de datos personales.

Puede señalarse que a través del Reglamento de la LPDP se agregan más definiciones que no estaban presentes en la LPDP, por ejemplo, el tema del emisor de datos personales y el receptor de datos personales, los que han sido considerados a fin de precisar quiénes son los intervinientes en el flujo transfronterizo de datos, que como se sabe operará en el *cloud computing* de la misma forma en la que se ha consignado en el RGPD.

Pues bien, luego de tener todos estos conceptos definidos, es momento de colocar un breve ejemplo concreto con el objetivo de identificar a los intervinientes en la «nube».

Ejemplo de los intervinientes en el *cloud computing*:

Juan desea contratar un servicio de *cloud computing* para almacenar diversos archivos de su propiedad (personales, laborales, etc.), y para ello recurre la empresa X-TEC, la cual como entre otras cosas tendrá acceso a todos los archivos de Juan y sus datos personales como; nombres y apellidos, dirección domiciliaria, dirección del correo electrónico, Documento Nacional de Identidad, datos de localización, etc.; ya que la empresa tiene muchos años brindando estos servicios, y es justamente aquella quien se encargará de decidir cómo serán administrados los datos almacenados en la «nube», porque eso se señalaba en el contrato que suscribió Juan por el plazo de dos (02) años. Ahora, la empresa X-TEC para prestarle tales servicios de almacenamiento de datos tuvo que contratar a un proveedor de *cloud computing*, la compañía NUBUX-MAX, la cual se encargará de almacenar los datos de Juan que la empresa X-TEC alojó.

Identificación de los intervinientes en el *cloud computing*:

- Juan: Usuario-titular de datos personales.
- Empresa X-TEC: Organización contratante del *cloud computing*-responsable del tratamiento de datos personales–titular del banco de datos personales.
- Empresa NUBUX-MAX: Proveedor del *cloud computing* -encargado del tratamiento de datos.

Pues bien, el ejemplo brindado ha desarrollado de forma concreta lo que se estuvo analizando en cuanto a quiénes eran los sujetos intervinientes en el *cloud computing*, y el rol que cada uno de ellos cumple de acuerdo a los instrumentos internacionales y nacionales sobre la materia.

De otro lado, y siguiendo con el examen del Reglamento de la LPDP, es de precisar que este dispositivo aplica a todo procedimiento que tenga como objeto el tratar datos personales, y en específico los datos que son de la esfera personal, ello en los siguientes casos:

1. Cuando el tratamiento de datos personales se tenga que efectuar por una institución que está ubicada en el territorio del Perú.
2. Cuando el tratamiento de datos personales tenga que ser efectuado por el encargado del tratamiento de datos, sin ser relevante dónde se ubica, pero que su designación haya dependido del banco de datos personales cuyo establecimiento se encuentre en Perú.
3. Cuando el tratamiento de datos personales deba efectuarse por parte de un banco de datos personales o por el responsable del tratamiento de datos, cuyo establecimiento no esté en territorio peruano, pero que acuerdo contractual o normas internacionales le sea aplicable la regulación del Estado peruano.
4. Cuando el tratamiento de datos personales se ejerza por intermedio de un banco de datos personales o por un responsable del tratamiento de datos que no cuente con ubicación en Perú empero utilice medios que se encuentren en el país.

Otro de los aspectos que también consigna el Reglamento de la LPDP, al igual que la LPDP, es que las transferencias de datos personales deben de contar con el consentimiento del titular de datos personales, (con excepción de los supuestos que fueron previstos en la LPDP). Asimismo, el tratamiento de los datos personales debe ser para la finalidad que la justifique, y en caso los datos ya no cumplan la finalidad por la cual se recopilaron, a solicitud del usuario, podrán ser retirados de la esfera de la administración de quien los esté tratando, esto a través del ejercicio de ciertos derechos que se revisarán a continuación.

4.2.3.1. Ejercicio de los derechos ARCO

Es trascendente manifestar que, la normativa que regula la protección de datos personales en Perú contiene un cohorte de derechos que permiten al titular de datos personales, o su representante legal, requerir la correcta administración de su información, o en todo caso hacer que aquella información deje de ser administrada con su posterior retiro del respectivo banco de datos personales (en caso lo hubiera). Los derechos con los que el titular de datos personales puede requerir lo anterior son conocidos como los «derechos ARCO».

En ese sentido, es importante destacar qué significa el acrónimo «ARCO» que se ha adoptado. Pues bien, este hace referencia a los siguientes derechos:

1. **Derecho de acceso:** Tal derecho se refiere a la prerrogativa con la que cuenta cualquier persona a fin de acceder al banco de datos personales en el cual se está administrando su información. Este derecho también le permite saber al titular de datos personales cómo se efectúo la recopilación de sus datos.
2. **Derecho de rectificación:** Tal derecho le da la oportunidad al propietario de los datos personales a pedir el cambio de la información que fue consignada (sea por ser inexacta, equivocada o incompleta).
3. **Derecho de cancelación:** Este derecho le permite al titular de datos personales pedir al banco de datos personales, que alberga su información, que anule o suprima los datos consignados, solo por alguno de los motivos expuestos a continuación:
   a) Si es que los datos consignados ya no son indispensables, o no son los convenientes para cumplir el fin que desencadenó su recopilación.
   b) Cuando venció del plazo fijado para realizar el tratamiento de los datos personales.
   c) Cuando en el marco del derecho de revocación, el titular de datos personales decide retirar su consentimiento, ya no siendo posible el tratamiento de sus datos.
   d) Cuando a los datos personales no se les está administrando conforme a lo señalado en la LPDP y el Reglamento de la LPDP.

4. **Derecho de oposición:** El titular de datos personales cuenta con la facultad de formular oposición cuando no desee figurar en un banco de datos personales, también puede oponerse a la gestión de su información por dicho banco de datos personales, ello en caso de que exista un motivo legítimo y fundado, y que la legislación no prescriba algo contrario.

En ese sentido, esta gama de derechos constituye una de las formas más convenientes para que las personas puedan resguardar su información personal, siendo estos derechos de carácter personalismo, cuyo ejercicio corresponde únicamente al titular de datos personales. Además, el ejercicio de tales derechos es de forma independiente, es decir; no se necesita haber ejercido el derecho de rectificación para solicitar el derecho de cancelación, por tanto, no existe un orden de prelación para ejercerlos.

Los derechos ARCO se presentan como piezas fundamentales para salvaguardar el derecho macro de la legislación de protección de datos personales, que es justamente: «el derecho a la protección de datos personales». De igual manera, el resguardo al derecho a la protección de datos personales cobra mayor valor en una sociedad que por medio de las tecnologías ha visto una nueva forma de transgredir libertades.

No obstante, y como se ha mencionado, una forma de cesar la administración de los datos personales, ante situaciones que puedan atentar contra las libertades o derechos de los titulares de datos personales, es por medio del derecho de cancelación o en todo caso mediante la revocación del consentimiento. Por ello, según **Contreras** (2020, p. 107) dado que no aplica el criterio de irrevocabilidad cuando una persona decide que sus datos personales sean administrados, cabe la entera posibilidad que el titular ejercite sus derechos ARCO frente a quien se encarga de su tratamiento. Asimismo, respecto de quien está tratando los datos personales surge una serie de deberes que básicamente se engloban en proteger los derechos del titular de datos personales. Por lo cual, si se diera el caso que el propietario de los datos personales planee revocar su consentimiento puede hacerlo ejercitando sus derechos ARCO, entre ellos el de cancelación, para ello tendrá expedito recurrir a un procedimiento específico donde activará tales derechos, lo cual está contemplado en la LPDP.

Por otro lado, es de precisar en cuanto al derecho de cancelación contemplado en el Reglamento de la LPDP que, no únicamente basta con la sola «voluntad» del titular de datos personales para que su información ya no sea tratada o no aparezca en alguna plataforma digital, sino que tal cancelación de información solo procederá cuando se manifieste tener «motivos fundados y legítimos» de su eliminación (motivos detallado líneas arriba).

En la figura que se muestra a continuación, se encuentra explicado cómo es que funciona el procedimiento para ejercitar los derechos ARCO ante el banco de datos personales. Ello siguiendo, por supuesto, los criterios establecidos por la legislación particular de Perú en materia de protección de datos personales.

Figura 1

Derechos ARCO ante el Banco de datos personales

El ciudadano está facultado a ejercitar sus derechos frente al Titular del banco de datos personales.

→

El Titular del banco de datos personales o quien esté a cargo del tratamiento cuenta con un plazo máximo de respuesta de veinte (20) días frente al ejercicio del derecho de acceso y diez (10) días para los demás derechos.

Nota. Esta figura muestra el procedimiento que el titular de datos personales debe seguir a fin de ejercer sus derechos ARCO; adaptado del Reglamento de la Ley N.° 29733-Ley de Protección de Datos Personales, por Diario Oficial El Peruano, Editora Perú, 2013, p. 21.

Pues bien, con la figura anterior pudo tenerse un panorama claro de cómo el titular de datos personales puede ejercer sus derechos ARCO y el plazo máximo en el que deberá ser atendida su solicitud. En este caso, también será pertinente colocar un ejemplo de cómo podría ejercerse uno de tales derechos, para lo cual se tomará de referencia el caso que se veía con anterioridad sobre la identificación de los intervinientes en el *cloud computing*.

Ejemplo del ejercicio de los derechos ARCO:

El contrato del servicio de *cloud computing* que suscribió Juan con la empresa X-TEC, para el almacenamiento y tratamiento de sus datos, fue por dos (02) años. Así, y luego de vencido ese plazo, Juan podrá ejercitar su «derecho de cancelación» ante el titular del banco de datos personales, que en este caso es la empresa X-TEC, para que toda su información sea anulada del banco de datos personales de propiedad de dicha empresa, que como se recordará contrató a la compañía NUBUX-MAX como proveedor de *cloud computing*, por tanto, esta última empresa también tendrá que eliminar la información de su base de datos. Entonces, como bien lo señala el Reglamento de la LPDP, Juan ejercitará su derecho de cancelación ante la empresa X-TEC, y la compañía tendrá un plazo máximo diez (10) días para pronunciarse.

4.2.3.2. Procedimiento trilateral de tutela

Resulta significativo señalar la existencia de circunstancias en las cuales, pese a que el titular de datos personales ejercita los Derechos ARCO, se presentan dificultades respecto a la inobservancia del plazo establecido para la atención de sus peticiones, o incluso situaciones en las que sus solicitudes son denegadas por el titular del banco de datos personales. Por ello, y a fin de solucionar la anterior disyuntiva, en el Reglamento de la LPDP ha sido considerada una alternativa para ello, tal y como lo es el denominado «Procedimiento trilateral de tutela».

A través del siguiente esquema se podrá apreciar en qué consiste y cómo se incoa tal procedimiento.

Figura 2

Procedimiento trilateral de tutela

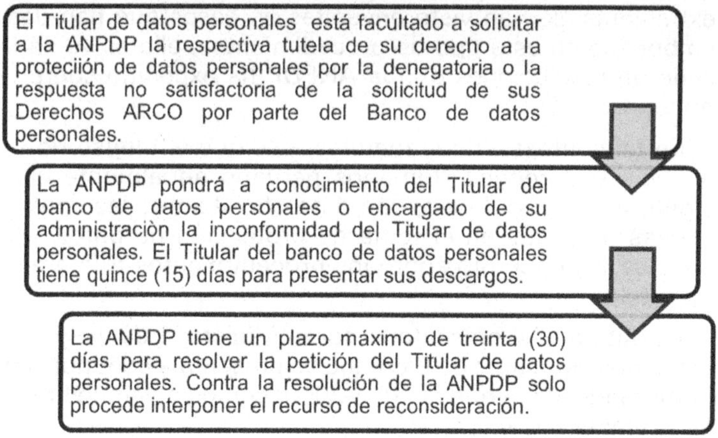

Nota. Esta figura muestra el trámite que debe seguir el titular de datos personales ante la ANPDP durante el Procedimiento Trilateral de Tutela; adaptado del «Reglamento de la Ley N.° 29733 - Ley de Protección de Datos Personales», por Diario Oficial El Peruano, Editora Perú, 2013, pp. 23-24.

A fin de hacer más entendible el Procedimiento Trilateral de tutela, será necesario mostrar un ejemplo de aquel, igualmente tomando como referencia el caso que venía sirviendo de modelo.

Ejemplo del Procedimiento Trilateral de tutela:

Piénsese que Juan cuando solicitó su derecho de cancelación ante la empresa X-TEC, como titular del banco de datos personales, su derecho le fue denegado por x razones, a pesar de que el plazo de almacenamiento y tratamiento de datos ya había vencido (dos años). Ante tal situación, lo que Juan tendría que hacer es recurrir a la ANPDP por habérsele denegado su solicitud de cancelación. Asimismo, correspondería que la ANPDP ponga en conocimiento de la empresa X-TEC la inconformidad de Juan sobre su petición, contando tal empresa con quince (15) días para presentar sus descargos. Luego de que la empresa emita sus descargos, la ANPDP tendrá un plazo de treinta (30) días para resolver la solicitud de Juan, analizando los argumentos de ambas partes.

El haberse mostrado en qué consiste el Procedimiento Trilateral de tutela y un ejemplo de este es relevante, puesto que diferentes compañías localizadas en el Perú, además de extranjeras, se han visto envueltas en casos que han desembocado en este tipo de procedimientos, ello se ve en la serie de resoluciones que la ANPDP ha expedido sobre la materia.

En tal contexto, debe manifestarse que el Ministerio de Justicia y Derechos Humanos peruano anualmente consigna, en su portal web, una data oficial sobre las controversias resueltas en el tema de protección de datos personales, en concreto sobre los procedimientos trilaterales de tutela.

La data oficial presentada por el Ministerio de Justicia y Derechos Humanos de Perú que se presenta a continuación comprende los períodos 2013-2020, como se demuestra en la siguiente tabla.

Tabla 4

Procedimientos Trilaterales de Tutela en el Perú (2013-2020)

Procedimientos Trilaterales de Tutela en el Perú	
Año 2013	3 Procedimientos Trilaterales de Tutela.
Año 2014	17 Procedimientos Trilaterales de Tutela.
Año 2015	19 Procedimientos Trilaterales de Tutela.
Año 2016	32 Procedimientos Trilaterales de Tutela.
Año 2017	53 Procedimientos Trilaterales de Tutela.
Año 2018	55 Procedimientos Trilaterales de Tutela.
Año 2019	71 Procedimientos Trilaterales de Tutela.
Año 2020	18 Procedimientos Trilaterales de Tutela.

Nota. Los Procedimientos Trilaterales de Tutela serán incoados por el titular de datos personales luego de no obtenerse una respuesta satisfactoria a la solicitud de derechos ARCO.

Se puede observar que, entre los años 2013 y 2020, la ANPDP ha resuelto 268 reclamos relacionados a solicitudes de derechos ARCO.

Esta tabla ha sido adaptada de «TUTELA 2019», por Ministerio de Justicia y Derechos Humanos, MINJUS, s.f.

Solo a modo de ejemplo, una de las compañías más famosas de tecnología como Google se ha visto inmersa en diversos casos en los cuales los titulares de datos personales han recurrido al Procedimiento Trilateral de tutela, ello a fin de hacer valer sus derechos.

4.2.3.3. Casos de procedimientos trilaterales de tutela

En esta parte será imperioso ver algunos de los casos que, en el marco de los derechos ARCO, desembocaron en procedimientos trilaterales de tutela. Por ejemplo, en el año 2017 fueron incoados nueve (09) procedimientos trilaterales de tutela contra la multinacional Google y su subsidiaria en Perú. Por ello, a continuación, se procederá a revisar algunos de tales casos vinculados al derecho de cancelación de datos personales.

Caso 1:

Resolución Directoral N.° 041-2017-JUS/DGPDP - Expediente N.° 010-2017-PTT

Antecedentes (Ejercicio de Derechos Arco)

Partes:

Reclamante: Anónimo

Reclamado: Google Perú S.R.L.

Solicitud de tutela directa:

- Derecho de cancelación de datos personales ante Google Perú S.R.L.

Motivo de la solicitud del reclamante:

- En el buscador de sitios web «www.google.com» había distintos enlaces web sobre su nombre respecto a eventos falsos, relacionados a su posible involucramiento en el delito de lavado de activos, no existiendo una sentencia condenatoria en su contra.
- Tales noticias afectaban su honorabilidad, por lo cual requirió la eliminación y/o cancelación de los enlaces asociados a su nombre, ello por afectar su derecho protegido a través de la LPDP.

Respuesta de la reclamada:

- Google Search es un servicio brindado y gestionado por Google Inc. (persona jurídica diferente de Google Perú S.R.L.), por ello, a Google Perú S.R.L., no le correspondía responder la solicitud.
- La solicitud debió presentarse ante Google Inc., en EE.UU., a través de los medios apropiados.
- Google Inc., contaba con representantes legales en el Perú, quienes estaban facultados a recibir comunicaciones privadas, como la solicitud del reclamante.

Procedimiento Trilateral de Tutela - Dirección General de Protección de Datos Personales (DGPDP)

Análisis de la DGPDP:

- **Sobre las pruebas presentadas en la reclamación**:
  - Se apreció, de la solicitud de tutela directa presentada por el reclamante a la reclamada para cancelar la información albergada en los enlaces web de

www.google.com, que el reclamante no adjuntó los enlaces objeto del reclamo.

- Se constató que el reclamante buscaba cancelar la información albergada en los enlaces web de *www.google.com*, por lo que se adjuntaron los enlaces que perjudicaban su nombre y buena reputación (por la supuesta comisión del delito de lavado de activos).
- El reclamante, al presentar su reclamo a la DGPDP, no acreditó el tratamiento incorrecto de sus datos por parte de la reclamada, señalando únicamente el perjuicio a su honor y buena reputación.
- El reclamante deseaba que la DGPDP determinase los supuestos perjuicios a su honor y buena reputación.

– **Sobre la pretensión de la reclamación y la competencia material de la DGPDP:**

- Numeral 6 del artículo 2.° de la Constitución Política del Perú: Se consagra el derecho de que los servicios sean informáticos, computarizados o no, públicos o privados, no proporcionen información de las personas que dañen su intimidad personal y familiar.
- Artículo 1.° de la LPDP: La LPDP tiene como objeto proteger el derecho a la protección de datos personales por medio de su correcta gestión, respetando los otros derechos constitucionales.
- Artículo 1.° del Reglamento de la LPDP: El objeto del Reglamento de la LPDP es desarrollar la LPDP para así asegurar el derecho a la protección de datos personales, regulando la correcta gestión de datos que deben realizar los diversos organismos. Sus preceptos son normas de orden público, cuyo cumplimiento es obligatorio.
- Las normas que contiene la LPDP y el Reglamento de la LPDP no tienen por objeto asegurar los derechos al honor y a la buena reputación.
- Es cierto que con la transgresión al derecho a la protección de datos personales se puede vulnerar el derecho al honor y a la buena reputación, y así el derecho a la protección de datos personales permite salvaguardar indirectamente tales derechos u otros, empero, ello no quiere decir que exista entre aquellos una identificación conceptual, porque el derecho a la

protección de datos personales, en el caso analizado, brinda al reclamante el dominio de la información que permite su identificación, siendo por ello distinto al honor, que protege la buena reputación y la propia estimación del ser humano, pudiendo protegerse ellos mediante la protección de datos personales, sin embargo, lo anterior se dará con un efecto indirecto.

- El reclamante deseaba proteger su estimación personal frente a terceros.
- La competencia administrativa de la DGPDP no abarca la garantía del derecho al honor o a la buena reputación, aquellos derechos son protegidos por los órganos jurisdiccionales, por tanto, son los tribunales judiciales los competentes y no la DGPDP.

Resolución de la DGPDP: Improcedente la reclamación interpuesta por el reclamante.

Caso 2:

Resolución Directoral N.° 030-2017-JUS/DGPDP - Expediente N.° 002-2017-PTT

Antecedentes (Ejercicio de Derechos Arco).

Partes:

Reclamante: Anónimo

Reclamado: Google Perú S.R.L.

Solicitud de tutela directa:

- Derecho de cancelación de datos personales ante Google Perú S.R.L.

Motivo de la solicitud del reclamante:

- Difusión de un video difamatorio, el cual hacía referencia al reclamante, atribuyéndosele una serie de conductas falsas (delitos que defraudan a la administración pública).
- El video mostraba «alusiones» sobre supuestos actos de corrupción que habría realizado el reclamante para defraudar al Estado.
- Existía una imagen en la que se mostraba al reclamante como un roedor sosteniendo dos bolsas repletas de dinero. Por tales razones, el reclamante requirió el retiro del video.

- Además, el reclamante mencionó que el video constituía un dato personal, por lo cual debía proceder su remoción.

Respuesta de la reclamada:

- Google Perú S.R.L., no estaba en capacidad de resolver el pedido del reclamante, puesto que, el requerimiento a la plataforma de videos YouTube, de la cual se solicitaba la remoción de contenidos, estaba bajo la administración de Google Inc., por ello, el pedido no debió dirigirse al domicilio de Google Perú S.R.L.

Procedimiento Trilateral de Tutela - Dirección General de Protección de Datos Personales (DGPDP)

Análisis de la DGPDP:

- **Sobre las pruebas presentadas en la reclamación.**
    - En el documento que el reclamante dirigió al presidente de Google Inc., se señaló que el contenido del video en controversia era difamatorio, y que afectaba el honor y la buena reputación del reclamante.
    - En tal documento también se mencionó que el contenido del video, colgado en YouTube, resultaba un medio de comunicación por el que se difundía masivamente la difamación calumniosa contra el reclamante.
    - Se evaluó la solicitud de tutela presentada ante Google Inc., y notificada a Google Perú S.R.L., por la cual se solicitaba la eliminación inmediata de dicho video.
    - La reclamación interpuesta ante la DGPDP tuvo como fin retirar el video de YouTube que denigraba la honorabilidad del reclamante como persona y como funcionario público.
    - Se evaluó la Resolución de la Oficina de Control de la Magistratura del Poder Judicial, donde se indicaba que no había motivos para iniciar un procedimiento disciplinario contra el magistrado.
- **Sobre la pretensión de la reclamación y la competencia material de la DGPDP**
    - Numeral 6 del artículo 2.° de la Constitución Política del Perú: Se consagra el derecho de que los servicios sean informáticos, computarizados o no, públicos o privados, no proporcionen información de las personas que dañen su intimidad personal y familiar.

- Artículo 1.° de la LPDP: La LPDP tiene como objeto proteger el derecho a la protección de datos personales por medio de su correcta gestión, respetando los otros derechos constitucionales.
- Artículo 1.° del Reglamento de la LPDP: El objeto del Reglamento de la LPDP es desarrollar la LPDP para así asegurar el derecho a la protección de datos personales, regulando la correcta gestión de datos que realizan los diversos organismos. Sus preceptos son normas de orden público, cuyo cumplimiento es obligatorio.
- Las normas que contienen la LPDP y Reglamento de la LPDP no tienen por objeto asegurar los derechos al honor y a la buena reputación.
- Es oportuno mencionar que el «honor» posee una doble vertiente, objetiva (concepto unitario de fama o prestigio) y subjetiva (sentimiento sobre su propia valía). En ciertos casos la vulneración del derecho fundamental a la protección de datos personales puede generar una lesión al derecho al honor y a la buena reputación, y que por contraste se reconozca que la protección de datos personales permite proteger indirectamente estos y otros derechos, pero ello no implica una identificación conceptual entre aquellos, debido a que el derecho fundamental a la protección de datos personales, en este contexto, otorga al reclamante el control de la información que lo identifica o lo hace identificable, diferenciándose del derecho al honor, que tutela la buena reputación y la propia estimación de la persona, cuya protección desde la protección de datos personales, como ya se dijo, puede darse, pero como un efecto indirecto.

Resolución de la DGPDP: Improcedente la reclamación interpuesta por el reclamante.

De la lectura de las resoluciones vistas por la DGPDP, se puede apreciar que ambos casos poseen algo en común, y es que el pronunciamiento fue declarar improcedentes las solicitudes de los titulares de datos personales. El criterio simple que emitió el DGPDP fue que no era la autoridad competente para proteger el derecho al honor, que en estos supuestos se habría vulnerado.

Del referido pronunciamiento, en efecto puede de cierta forma coincidirse en ello, puesto que en la propia LPDP únicamente se asegura que el ámbito de protección es «el derecho a la protección de datos personales», como bien se señala en el artículo 1.° de la LPDP. Lo mencionado es distinto, por ejemplo, a otras legislaciones como la de Argentina o Colombia, las cuales si protegen el derecho al honor en su vinculación a la protección de datos personales. Sin embargo, y aquí es donde viene la crítica a esta norma (LPDP), porque justamente al no haberse contemplado un espectro más amplio de protección, muchas personas estarían quedando sin una tutela efectiva, porque la DGPDP al pronunciar que la LPDP no protege derechos como el honor ni tiene competencias para decidir sobre aquellas materias, estará desestimando continuamente casos como estos. De igual forma, a pesar de que se señala que para proteger el honor los titulares de datos personales estos deben recurrir a un órgano jurisdiccional, esto no hace más que alargar un procedimiento como el de «cancelación» volviéndolo tedioso y saliendo de la esfera administrativa para entrar a la judicial, en tanto que si en efecto existiese una vulneración del derecho a la protección de datos personales porque la información puede ser inexacta, el perjuicio a la persona seguiría porque aun así la DGPDP no entraría a revisar el fondo.

Hasta aquí lo que puede decirse es que, lo mejor hubiese sido que la LPDP contemplase también la protección al derecho al honor (indirectamente), aunque no necesariamente valorándolo, sino simplemente albergando la posibilidad de que en efecto en algunos casos la vulneración de datos personales supondrá un atentado al derecho al honor, pero lo cierto es que en la mayoría de casos la vulneración del derecho a la protección de datos personales implicará lesionar el derecho al honor, por tanto se requerirá de tutela. Entonces, más allá de la crítica al fallo de la DGPDP, que taxativamente no tiene competencia para resolver casos como estos, es la norma la cual en cierta medida se contrapone y limita la adecuada protección a los derechos de los ciudadanos.

Por otra parte, se considera que una alternativa viable, si es que la propia la DGPDP se consideraba como no competente, hubiese sido el requerirse previsionalmente el «bloqueo» de la información cargada en las plataformas, en ambos casos. Lo anterior debido a que la propia LPDP contempla en su artículo 20.° que mientras se lleve a cabo, por ejemplo, la supresión de datos personales, hay posibilidad de que el encargado del tratamiento de datos disponga su bloqueo, a fin de que terceros no accedan a dicha información. Debe considerarse que esta alternativa que se está planteando serviría como una forma de aminorar los efectos negativos que pudiese estar causando la filtración de información «indebida» por sobre el honor de las personas, aunque como se ha apreciado lo más probable es que la DGPDP tampoco albergue esta opción bajo el criterio de que lo que se está solicitando es la protección al honor y no en sí garantizar el derecho a la protección de datos personales.

Ahora, si como en efecto manifestó la DGPDP de que tales casos debían de solicitar protección del honor en el plano judicial, ello puede, asimismo, generar una contraposición en materia de debida tutela, puesto que el recurrir al Procedimiento Trilateral de tutela es debido también al carácter «urgente» y «expedito» de este, ya que la misma regulación de protección de datos personales expresa que en estos casos el pronunciamiento de la autoridad en protección de datos personales debe emitirse en casos treinta (30) días, sin embargo, en un proceso judicial pronunciarse sobre el derecho al honor tardaría meses o hasta años, y además en los procedimientos trilaterales de tutela lo que se requiere el la remoción vía cancelación de la información, no necesariamente se pide la protección al derecho al honor como tal, en tal sentido todo ello desembocaría en una ineficiente protección de las personas.

De igual modo, en las resoluciones bajo comento, si bien el efecto de sus posibles estimaciones traiga consigo la protección del derecho al honor, cuando la DGPDP analice el caso no tendría que pronunciarse «valorando» tal derecho, ni manifestando una opinión de si se produjo o no su transgresión (porque como advierte esa no es su competencia). Lo que esta autoridad debería evaluar es si la información que se vincula con la persona que solicita tutela es «inexacta», por ejemplo, y ello en base a las pruebas que se presenten. Por ello, también se cree que es incorrecto que la DGPDP omita emitir un pronunciamiento en estos temas, dejando sin protección al titular de datos personales.

Si bien es cierto, estos casos han sido analizados en relación a una plataforma como YouTube o motores de búsqueda como Google, con el avance y creciente uso de nuevas tecnologías como la «nube», se considera que en un futuro casos similares llegarán a conocimiento de la DGPDP cuando se solicite la cancelación de información albergada en tal herramienta tecnológica, es así que en ello radica la importancia de comentar resoluciones como las evaluadas en el marco del procedimental trilateral de tutela.

Pues bien, y luego del análisis de la normativa peruana de protección de datos personales, de los ejemplos expuestos y de los casos comentados en relación al *cloud computing* en el Perú, ha podido apreciarse la existencia de un tratamiento legislativo para albergar datos en la «nube», aunque aún incipiente. La afirmación de la existencia de una regulación de tal herramienta tecnológica en Perú viene a partir del análisis de los casos en los que el titular de datos personales deba prestar consentimiento para que se efectúe la recopilación de su información por parte de una empresa (sea un organismo público o privado), servidor del *cloud computing*, así como de los aspectos contemplados en el Reglamento de la LPDP. Aunque lo que sí debe mencionarse es una regulación específica del *cloud computing* no es que exista, sino que las conjeturas de regulación vienen debido a lo evaluado e interpretados, debiéndose aplicar siempre de forma primigenia la norma de protección de datos personales.

También es de resaltar que, en la normativa especial de datos personales de Perú se ha corroborado la existencia de algunos mecanismos para salvaguardar el «derecho a la protección de datos personales» de quienes son sus propietarios, ello incluye contextos en los cuales el titular de datos personales desee generar una oposición o solicitar la supresión de su información subida a la «nube» o en la red, por ejemplo. Es por ello que es importante manifestar que al usuario del servicio se le ha de brindar información minuciosa y exacta respecto a la finalidad con la que sus datos serán tratados (dependiendo del caso, organización contratante del *cloud computing* o proveedor del *cloud computing*). De la misma forma, no ha de olvidarse que es un deber de diligencia que el usuario lea el contrato o formularios sobre las implicancias del tratamiento de sus datos personales, y especialmente tiene que observar las políticas de privacidad publicadas en Internet u otro aplicativo o servicio que involucre la «nube».

Empero, de lo hasta aquí también revisado puedo observarse que uno de los aspectos que aún ha quedado en el tintero es la inexistencia de «medidas preventivas concretas» ante el riesgo que supone el uso del *cloud computing* para los usuarios. Es más lo que existe, por así decirlo, son medidas *ex post* (Procedimiento Trilateral de tutela, por ejemplo). Pero qué sucede en los casos en que se exponen los datos de ubicación, imágenes u otra información del usuario, que justamente se propala por el uso de la «nube», o casos en los que esta información es obtenida ilícitamente y propalada en la web, por ello se debe de adoptar un enfoque más más preventivo que sancionador (ello no implica negar sanciones, sino que resultará más adecuado abogar por medidas *ex ante*). Entonces, como bien fue manifestado, ante la posibilidad de que cualquier persona está en capacidad de acceder a los datos que se alojan en la «nube», es por lo que se recalca la urgencia de políticas preventivas que vayan directamente a las empresas de tecnología que ofrecen este servicio y también a las empresas contratantes de la «nube» (Proveedor del *cloud computing* u Organización contratante del *cloud computing*, respectivamente).

Por ello se reitera que las principales normas nacionales en protección de datos personales han establecido, por así decirlo, sanciones administrativas, y otras que van a tallar en el ámbito penal (delitos informáticos), como se verá más adelante, requiriendo contarse con un enfoque más preventivo. En el ámbito internacional, con el RGPD y algunos de los documentos revisados los países de la Unión Europea, se ha constatado que de por sí se tiene un mejor abordaje en lo que es prevención de riesgos sobre el *cloud computing*, lo que afianza la seguridad de los usuarios de las nuevas tecnologías, aunque no todos es perfecto por hacerse necesaria la adopción de medidas concretas por las que respondan los proveedores de la «nube» ante los defectos en diseño o filtración información (sobre la ubicación del usuario o los deficientes sistemas de cifrados), reiterándose el enfoque preventivo que se necesita.

Por otra parte, y algo que se va a tocar con mayor amplitud más adelante, es la posibilidad de considerar la idea de que pasado cierto tiempo la información que hubiese sido alojada en la «nube» pueda «olvidarse» (derecho al olvido). Como se sabe y se ha visto, la normativa peruana contempla la opción de que el titular de datos personales peticione la supresión de sus datos, como también se consagra en el ámbito internacional, pero ello a la vez puede traer consigo trámites tediosos. Por ello, volviendo al inicio de este párrafo, una idea importante podría constituirla la alternativa que, pasado determinado periodo los servidores de forma automática puedan eliminar información de los usuarios, que, en cierta forma, tengan la característica de irrelevantes o sean impertinentes, contemplándose por supuesto información que afecte los derechos como el del honor o el de la intimidad.

Ahora, la discusión de cómo operaría lo «automático del borrado» estaría por verse, ya que el catalogar una información o dato como irrelevante o impertinente para ser retirado de la red, o removerse de la «nube», por atentar contra ciertos derechos, puede resultar muy subjetivo; por ello, el término automático no debe de tomarse al pie de la letra, puesto que es obvio que se necesitará de la petición del usuario pero sin que la respuesta que dé el titular del banco datos personales, en el que se encuentra la información, sea prolongada.

Finalmente, uno de los sustentos más importantes para lo mencionado en el párrafo anterior sería la grave problemática suscitada cuando tal información (videos, fotografías y demás) es robada de la «nube» por los piratas informáticos para luego ser propalada en la red, vulnerándose ahí sí severamente el derecho a la intimidad de las personas (honor, reputación, entre otros), y ante ello no existe alguna norma que faculte a los usuarios perjudicados a «cancelar» o «eliminar» toda aquella información que fue sustraída de la «nube» y que ya se encuentra circulando por todo el mundo.

4.2.4. La confianza digital en el Perú y el *cloud computing*

A comienzos del año 2020, en Perú, el Gobierno expidió el Decreto de Urgencia N.° 007-2020 sobre la «Confianza Digital». Esta norma ha de ser tenida muy en cuenta, a razón de que también es de aplicación al servicio del *cloud computing*, y el motivo es porque tal dispositivo legal tiene como principal meta instituir disposiciones que aseguren la confianza de las personas cuando hacen empleo de los servicios digitales que ofrecen los organismos públicos y las compañías privadas (entre ellos la «nube»). La mencionada norma es de aplicación en las siguientes esferas:

a) Protección de datos personales y transparencia.

b) Protección de los consumidores en el entorno digital.

c) La seguridad digital.

Es en las esferas o ámbitos en los que se aplica tal norma radica su importancia, en primer lugar porque se hace alusión a su aplicación en materia de datos personales, y justamente como se ha ido viendo en la «nube» se almacenan datos personales; en segundo lugar porque se aplica a los consumidores o usuarios en el mundo digital, siendo que ello abarca a los clientes de la «nube» que contratan estos servicios digitales, sea por medio de un proveedor del *cloud computing* (nacional o extranjero) o una organización contratante del *cloud computing*, y por tanto, tales dos sujetos deben asegurarse de brindar todos los usuarios seguridad para la protección de su información.

Otro de los temas importantes que se han consignado en esta norma es la gama de obligaciones que deberán cumplir los entes públicos y privados vinculados al *cloud computing*. Citando alguna de las obligaciones se encuentran las siguientes:

a) El manejo adecuado de las potenciales amenazas que puede sufrir la seguridad digital, con la meta de instaurar mecanismos que defiendan la información almacenada.

b) La comunicación y cooperación de tales entes con la ANPDP, ello cuando se presenten algunos incidentes relacionados a la seguridad digital de los datos personales.

Ahora bien, se entendería que en los casos que los organismos públicos o privados no acatasen las obligaciones referidas en la norma en cuestión, lo más adecuado resultaría imponerles sanciones por dichas faltas, sin embargo, lo lamentable en esta norma es el hecho de que no hace alusión sobre las posibles faltas ni las sanciones a imponerse por ellas. En ese sentido, no cabe duda que lo anterior representa un obstáculo o deja un cabo suelto en cuanto a la protección de datos personales, atentando directamente a la seguridad de los usuarios, no obstante, puede pensarse que por analogía se aplique la Resolución Ministerial N.° 0326-2020-JUS, la cual se verá más adelante, pero que en líneas generales puede mencionarse que establece una nueva forma de aplicación de multas a los transgresores a la LPDP, aunque solo es una suposición teniendo en cuenta la carencia de especificidad de la norma de Confianza Digital, por tal razón, dicho tema tendrá que ser precisado por las autoridades pertinentes.

Desarrollando más a fondo lo que se mencionaba en el párrafo anterior, justamente a finales del año 2020, el Gobierno de Perú emitió la Resolución Ministerial N.° 0326-2020-JUS, con el cual la ANPDP comunicó sobre la nueva manera en que se aplicarían las multas por realizar conductas que tiendan a vulnerar la legislación de datos personales. Es de precisar que en específico esta resolución ha consignado un nuevo «método» para efectuar el cálculo de las multas a aplicarse a:

a) Personas naturales

b) Entes del Estado

c) Organizaciones privadas que tengan a su cargo el tratamiento de datos personales.

A pesar de esta consagración de sanciones con consecuentes multas, se vuelve al inicio del tema de ¿cómo quedan las víctimas de las cuales ya se filtró información sin su consentimiento, o si estas son falsas, inexactas o incompletas? De lo que se ha venido explicando, no existiría mayor protección para ellas cuando su información ya circula en la red. Por ello, otra vez, la prevención siempre resultará el mejor aliado ante estas cuestiones; ya que por más multas o sanciones que se impongan aún se cree que si esta información sigue circulando en las plataformas digitales no habrá una reparación efectiva sobre el derecho a la intimidad, honor, entre otros. Atendiendo a ello, resulta imperioso que el legislador peruano piense en tal problemática para así dar la debida protección a los clientes en tecnología.

Todo lo expuesto hasta aquí sigue, por tanto, resumiéndose en la falta de regulación específica de las nuevas tecnologías en los países latinoamericanos con enfoque preventivo, y sobre todo por la inexistencia de una legislación unificada sobre datos personales en la región. Por ello, y a fin de corroborar lo que se ha vendo estudiando, en la siguiente tabla, se muestra de forma didáctica cuáles son las dificultades y desafíos a los que se enfrenta la región latinoamericana en relación a la protección de datos personales.

Tabla 5
La protección de datos personales en América Latina: Principales dificultades y desafíos

La protección de datos personales en América Latina: Principales dificultades y desafíos		
Dificultades	Primeras	No existe independencia y autonomía por parte de las Agencias de Protección de Datos (en delante, las Agencias). En ese sentido, se deben conducir esfuerzos para que ello suceda. A la vez, ello dotará a las Agencias a poseer respaldo en temas monetarios y de personal. Si las Agencias contaran con la suficiente autonomía, tendrían la potestad para exigir el cumplimiento de la regulación de protección de datos. Asimismo, las Agencias contarían con los recursos para instituir nuevas maneras de colaboración.
	Segundas	Los países de América Latina cuentan con regulaciones distintas a las de EE.UU., y la Unión Europea en materia de protección de datos personales. Las regulaciones de EE.UU., y la Unión Europea en materia de protección de datos personales ejercen una relevante influencia en los países de América Latina.

Desafíos	Empresas	Adoptar un papel proactivo en el cumplimiento de la normativa de protección de datos personales. Aclarar cómo es que las empresas utilizan los datos personales de los clientes. Crear iniciativas en materia de protección de datos personales. Generarse una buena imagen en el respeto a los datos personales. Brindar confianza del producto y servicio que ofrecen, y que además implica el manejo de datos personales. Obtener provechos por sobre los demás competidores (ello en cuanto al respeto de los datos personales). Estar abiertos a aceptar consejos por parte de los consultores locales y globales.
	América Latina	Trabajar en nuevas formas de integración. Siempre estar conscientes de las dimensiones legales de la seguridad de la información y lo que esto implica en términos de la protección de datos.
	Países	Brindar una regulación de protección de datos personales clara. Ofrecer a las Agencias los recursos necesarios para actuar con autonomía e independencia, a fin de hacer respetar la legislación. Enseñar y sensibilizar a los ciudadanos.

Nota: Actualmente los países de América Latina, al no contar con una legislación uniforme sobre datos personales, enfrentan una serie de inconvenientes que requieren atención inmediata por el bien de los titulares de datos personales.

Se puede observar la serie de desafíos que enfrentan los países latinoamericanos al igual que las empresas y los países latinoamericanos, así también ciertas dificultades que urgen atender en materia de protección de datos personales.

Esta tabla ha sido adaptada de «La protección de datos personales en América Latina: entre la Unión Europea y los Estados Unidos de Norteamérica», por **BRIAN, A.**, INFODF, 2018, pp. 41-48.

En suma, el esquema presentado sobre las legislaciones de protección de datos personales de los países de América Latina se han observado falencias sobre las prerrogativas concedidas a las autoridades de protección de datos en cuanto al tema de requerir que se cumplan las disposiciones de datos personales, siendo que estas autoridades al no poseer autonomía e independencia para solicitar a los responsables del tratamiento de datos y a los proveedores del *cloud computing* que brinden las garantía necesarias para proteger los datos personales, no puede hacer efectivas las disposiciones normativas, y ello se agrava teniendo en consideración la falta de un enfoque de prevención ante los riesgos de seguridad que puede traer la «nube».

Asimismo, al ser las legislaciones de protección da datos personales de Latinoamérica tan dispersas, y no cohesionadas como las de EE.UU., o la Unión Europea, generan justamente situaciones de incertidumbre sobre las disposiciones que deben aplicarse al *cloud computing*, porque como se ha visto, las normas de Argentina, Colombia, México y Perú son distintas, y solo estableciéndose en los reglamentos de México y Perú, por ejemplo, algunas precisiones sobre que implicaría el tratamiento de datos personales en la «nube», a través de interpretaciones tanto de las autoridades de protección de datos personales como de la doctrina.

No obstante, una propuesta que se ha venido repitiendo es que, a nivel latinoamericano, a fin de lograr una adecuada protección de datos personales, se trabaje por una regulación sistematizada de protección de datos personales que incluya expresamente la regulación del *cloud computing* con los derechos y obligaciones de cada interviniente en el proceso de tratamiento de datos personales, así como medidas de prevención. Lo dicho sin dejar de lado la cooperación que debe de existir por parte de las empresas que administran datos personales (sea como responsables o encargados del tratamiento de datos) para obligarse a cumplir las normas, así como para adoptar iniciativas de autorregulación (como en México) para garantizar la protección, seguridad, privacidad y confidencialidad de los datos personales de los usuarios.

5. INCONVENIENTES EN EL *CLOUD COMPUTING*: SOBRE EL DERECHO A LA INTIMIDAD Y PRIVACIDAD

Como bien se ha podido apreciar en lo que va de esta obra, la recopilación de datos o información en la «nube» ha constituido una gran innovación en el mundo tecnológico. De lo anterior también se desprende el beneficio de usar tal tecnología, ello porque los datos colocados en la «nube» son susceptibles de ser empleados por el usuario con independencia del lugar en el que se encuentre, siendo solamente requisito tener una buena conexión a Internet, otro beneficio es que los datos almacenados pueden ser compartidos en tiempo real con otros usuarios. Asimismo, se ha visto posible que el usuario de la «nube» pueda, por ejemplo, iniciar la redacción de sus documentos con el ordenador que tenga en su hogar y continuar con lo que avanzó mientras está en algún medio de transporte (usando cualquier teléfono móvil u otros dispositivos como un *iPad* o *laptop*), para finalmente terminar de redactar su documento desde el ordenador de su centro de labores. El efectuar esta labor es gracias a que actualmente los smartphones, o también llamados teléfonos inteligentes, poseen la opción en sus aplicativos para usar la «nube», sobre todo en lo que respecta a las copias de seguridad, lo que hace posible que se pueda pasar del uso de un documento en el ordenador hacia un teléfono.

Sin embargo, todo lo mencionado también puede constituir un riesgo por el solo hecho de que los datos alojados en la «nube» no cuentan con algún tipo de cifrado, lo que trae como consecuencia que cualquier persona pueda tener acceso a ellos. Lo señalado constituye, desde un aspecto jurídico, un grave peligro para la intimidad y privacidad de las personas. Un claro ejemplo de lo dicho son los tan sonados casos en los que diversos artistas mundialmente famosos se convierten en blancos fáciles de *hackers*, que de cierta manera logran conseguir los ID de los usuarios o simplemente encuentran diversas maneras de robar la información almacenada en las cuentas privadas, caso que resulta más posibles en nuevas tecnologías como el *cloud computing*, sea por defectos en su diseño o carencia de cifrados, entre otros. Por tanto, el compartir información en tiempo real si bien es más sencillo, también resulta un peligro de seguridad del que se benefician los delincuentes cibernéticos para acceder y robar información. Además, debe agregarse el hecho de que si tal información es filtrada y circulada por medio de otros canales, posteriormente no habrá forma de borrarla, puesto que la información ya no estaría bajo la esfera de dominio del servidor de la «nube», teniendo en cuenta, asimismo, que la LPDP solo establece motivos específicos para cancelar los datos.

Así, **Muñoz** (como fue citado en **Acedo y Platero**, 2016, p. 66) refería que la expansión y crecimiento tecnológico ha constituido un inmenso progreso en la vida de las personas, lo que ha generado grandes oportunidades para que la sociedad pueda estar en conexión constante; lo cual la par hace viable el acceso a la información que circula en el espacio cibernético, no obstante; se han producido al mismo tiempo diversos riesgos para los usuarios, ello a razón de que sus datos personales comienzan a ser rotados a través de la red sin reparos, exponiendo sus vidas privadas a grandes riesgos. Por tanto, puede entenderse que por más que el ser humano haya progresado en el ámbito tecnológico, a la vez, existe un lado oscuro, y es que el indebido uso de las tecnologías por algunos ha causado un detrimento hacia los derechos de las demás personas, vulnerándose su intimidad y privacidad.

Por ejemplo, en el tema en concreto sobre datos personales de un usuario de la «nube», los por hackers luego de haber robado la información pueden manipularla y así distorsionar su contenido, generándose ahí una gran vulneración a la protección de datos personales, y no solo en el ámbito de la intimidad y privacidad, sino que incluso se puede atentar contra el honor de las personas por la información falsa que se difunde. Así también, no ha de olvidarse que constituye una vulneración al derecho a la protección de datos personales el simple hecho de filtrar la información a la que se accedió por medio de la «nube», y que en muchos casos tal información puede obedecer a circunstancias pasadas que todavía permanecieron ancladas, lo que también puede llevar a afectar el honor y la reputación de quienes eran dueños de los datos al ser hechos vergonzosos del pasado.

Hasta este momento se ha dicho que uno de los riesgos que se presenta en cuanto al uso del *cloud computing* es la vulneración al derecho a la intimidad y privacidad, y son en los que se centra este apartado y obra.

Del derecho a la intimidad y privacidad

Pues bien, con lo dicho anteriormente y a fin de contextualizar la problemática que puede suponer el *cloud computing* con los derechos a la intimidad y privacidad es preciso establecer en qué consisten tales derechos, debido a que es incorrecto suponer que el derecho a la intimidad es lo mismo que el derecho a la privacidad, en tanto el ámbito de regulación de cada uno de ellos es distinto. De hecho, el bien jurídico que se protege con uno y otro no es el mismo. Además, tales derechos son susceptibles de diferenciarse considerando los siguientes criterios:

a) Respecto al derecho a la privacidad, su relación se da con el despliegue de la conducta social por parte del individuo que es titular del derecho.

b) La vinculación del derecho a la intimidad se manifiesta a través de contextos personales y familiares.

c) La base del derecho a la privacidad implica que todas las cuestiones referidas a su titular sean conocidas socialmente para que se dé su concreción.

d) El ámbito que enmarca al derecho a la intimidad es sobre el plano sentimental, cognitivo o sexual, en otras palabras; es hablar de una esfera más reservada para los individuos (Cobos, 2013, pp. 78-79).

Así, se tiene que tales derechos se distinguen en cuanto a su espectro de regulación. El derecho a la privacidad tiene un aspecto que depende más de lo social, en cambio, el derecho a la intimidad abarca una esfera más personal del ser humano. Y en general, si estos derechos son vinculados con el uso de tecnologías de la información, se tiene que dichas tecnologías, si no hay medidas de seguridad adecuadas, implicarán siempre un peligro tanto para la intimidad como la privacidad de las personas.

De otra cuenta, y a fin de seguir delimitando los conceptos, también cabe hacer mención que existe el derecho a la autodeterminación informativa, el cual es un derecho derivado del de privacidad. El derecho a la autodeterminación informativa pude ser definido como la facultad que poseen las personas para tomar decisiones concretas respecto a los datos que ellos consienten puedan ser conocidos o no, porque son únicamente las persona las que administran su información a fin de garantizar su propia privacidad. Lo manifestado sobre tal derecho es porque con el surgimiento y creciente demanda del uso de nuevas tecnologías, como el *cloud computing*, los usuarios de Internet quedan expuestos a la inseguridad informática, lo que puede causar detrimentos en sus facultades y libertades (**Quiroz**, 2016, p. 30).

En líneas generales, se aprecia que la definición del derecho a la autodeterminación informativa les otorga a las personas el derecho a decidir qué información personal puede ser conocida o no porque son ellas las titulares de tal información. Asimismo, se ve que tal concepto condice con lo que señala la normativa especial peruana en relación a los «Derechos ARCO» en materia de protección de datos personales, que permiten que el titular de datos personales pueda acceder, rectificar cancelar u oponerse a que su información sea tratada.

Después de tal puntualización, es menester saber qué implica el derecho a la intimidad, que como se sabe es uno de los derechos quebrantados, porque de alguna manera la información alojada en la «nube» no cuenta con una protección apropiada debido a la falta de cifrados. Al respecto, **Vásquez** (como fue citado en **Muñoz**, 2018, p. 25) señaló que a fin de entender el derecho a la intimidad se debe ver la relación que guarda este con el derecho al honor y el derecho a la propia imagen, precisando que el derecho a la intimidad es una de las formas en la que la dignidad humana es manifestada. Asimismo, la intimidad de cada individuo no debe de estar sujeta a transgresiones efectuadas por terceros. Lo señalado por el autor es muy importante porque justamente cuando información íntima es filtrada en la red no solo causa estragos en la esfera más personal de una persona, sino que a la vez puede afectar la percepción que tienen los demás de ella, su honor e imagen, ello por ejemplo cuando se acceden a fotos o videos de contenido sexual.

En ese mismo sentido, **Carbonell** (como fue citado en **Castro**, 2016, p. 129) aludió que hacer la diferenciación entre el espectro de lo que atañe a la privacidad y lo público es en lo que radica el derecho a la intimidad. Así, se puede hablar de la violación de tal derecho en los siguientes casos

a) Se genera una invasión en las cuestiones privadas de los individuos.

b) Se ventilan temas incómodos que atañen a la vida privada de las personas.

c) Se divulgan noticias que no se ajustan a la verdad y que además generan perjuicios en la imagen de la persona frente a como las percibe el resto.

d) Se adjudican inescrupulosamente la imagen de otras personas.

e) Se difundan situaciones que son tipo confidencial.

De lo referido por el autor, se entiende que la intimidad de las personas puede ser vulnerada de diversas formas, y que tal afectación no solo implica difundir algo confidencial, sino que hay casos en los que previamente a la difusión los ladrones cibernéticos manipulan la información que robaron, ello para hacer creer a quienes miran el contenido situaciones que distan de la realidad.

Luego de aclarar qué comprende el derecho a la intimidad y ver algunos supuestos en los que este derecho puede ser vulnerado en la era digital. Ahora, lo más oportuno será ver brevemente qué implica el derecho a la privacidad.

Romero (2017), en su obra «*Security and Privacy in Social Networks*» hace una delimitación más precisa de lo que se entiende por «privacidad», ello en el contexto del resguardo a la privacidad de quienes hacen uso de las plataformas virtuales. Para ello, el autor se centró en la definición de tres aspectos que envuelven a la privacidad.

1. **Aspecto legislativo:** Este rasgo es desarrollado teniendo en cuenta una esfera normativa, así como las políticas que las organizaciones, autoridades y demás entes tienen que brindar con el objetivo de preservar la privacidad de las personas. Un ejemplo muy preciso de este aspecto vendría a constituirlo el RGPD, que tiene como meta promover y resguardar el derecho que poseen las personas de supervisar la cómo se lleva a cabo la compilación y uso de su información.

2. **Aspecto técnico:** Este rasgo es referente a cómo los cuerpos normativos son traspasados en descripciones técnicas. Lo anterior encuentra un ejemplo en el mecanismo P3P (Plataforma de Preferencias de Privacidad), el cual intensifica las opciones de las personas para vigilar los datos expuestos a través de medios técnicos.
3. **Aspecto social:** Este rasgo es en relación a cómo la gente gestiona sus vínculos sociales y sobre los límites que se dan entre lo que es público y lo que es privado para cada sujeto, siendo que existe una transgresión a la privacidad si es que los datos son usados más allá del ámbito al que inicialmente se adscribían (p. 9).

Por ello, el examinar el derecho a la privacidad de las personas, en cuanto a la información que se encuentra alojada en las plataformas digitales, implica considerar las normas que protegen tal derecho, y que sean los mismos usuarios quienes en base a tales normas hagan respetar sus derechos. De igual forma, las normas hacen referencias sobre los medios técnicos que las empresas dueñas de las plataformas digitales están obligadas a contar, para que de esta manera los usuarios pueden supervisar qué información es la que se va a divulgar, contando claramente con el debido consentimiento; lo cual se vincula con el hecho de si los usuarios desean o no que su información sea conocida socialmente, y en caso sus datos se filtren si autorización, ello desencadenará en la violación de su privacidad.

Entonces, de lo examinado de los dos derechos puede decirse que ha sido oportuno aclarar brevemente que el derecho a la intimidad es diferente al derecho a la privacidad, porque no son pocas las situaciones en los que para referirse al derecho a la intimidad se usa el concepto de derecho a la privacidad, y viceversa (más en el contexto del uso de redes sociales). Siendo también que cada uno de tales derechos tiene rasgos particulares y los efectos son distintos cuando estos son transgredidos.

Considerando todo lo que se ha referido previamente, el emplear herramientas digitales como la «nube» y demás ha generado un contexto problemático para quienes usan recurrentemente el Internet y también para los especialistas en informática, puesto que las exposiciones de la intimidad y privacidad por medio de estas tecnologías tiende a ser crecientes, con lo cual también aumentan los delitos cibernéticos, y otras actividades que atentan contra la seguridad de los datos de los usuarios, y por ende, contra su intimidad y privacidad. Más casos de transgresiones sobre el derecho a la intimidad por medio de plataformas tecnológicas pueden ser los siguientes:

a) La apropiación de la información personal (pudiendo ser respecto a datos de tipo sensible o monetario).
b) El reemplazo de identidades.
c) La elaboración de perfiles en base a información manipulada de determinado usuario, con el objetivo de atraer a cierto público.
d) El rastreo a los usuarios con el uso de las *cookies* que hacen más sencillo a las plataformas conocer lo que el usuario hace (claro está sin su autorización).
e) La propagación de la identidad real del usuario.
f) Indizaciones que efectúan los motores de búsqueda sin tener el consentimiento de las personas (Noian, 2016, pp. 226-227).

Queda claro que a pesar de que las nuevas tecnologías facilitan y flexibilizan la comunicación, así como el intercambio de información desde la virtualidad, la otra cara de la moneda de dichas innovaciones tecnológicas viene representada por los peligros a los que se exponen los usuarios en el ciberespacio, que lejos de aceptarse como simples hechos que van contra la intimidad y privacidad ya están alcanzando esferas delincuenciales que agreden otros bienes jurídicos, como se verá más adelante con la tipificación de acciones típicas que son sancionadas desde el ámbito del derecho penal.

Prosiguiendo con el tema, es menester destacar que según el informe de McAfee en relación a la adopción de la «nube» y los riesgos del año 2019, ciertas empresas contaban con un promedio de 14 casos de IaaS/PaaS con mala configuración, lo que en promedio arrojaba 2.269 incidentes individuales de defectuosas configuraciones por mes. Asimismo, se reportó que el 5,5% de los almacenamientos poseían permisos de lectura mundial, siendo que cualquier persona podía acceder a ellos. De otro lado, de acuerdo a Symantec, cuando los permisos de acceso se configuraban erróneamente, se posibilitaba la opción de que cualquier persona pueda tener acceso a la información sensible alojada en la «nube» (Infocyte, 2021, párr. 11-12).

Tales estadísticas no hacen más que reflejar las amenazas de seguridad a las que se exponen los usuarios de la «nube», por lo que al no ofrecer las compañías las garantías necesarias para la protección de la información de los usuarios, estos terminan convirtiéndose en un blanco fácil para los ladrones cibernéticos. Un peligro más que se puede dar ante tales defectos reportados es que los usuarios pueden perder información importante para ellos debido a algún virus informático. Entonces, de lo expuesto puede notarse la gran problemática que vincula a las organizaciones que proveen el *cloud computing* o aquellas que contratan el servicio (proveedor del *cloud computing* u organización contratante del *cloud computing*, respectivamente), que en estos casos terminan siendo las responsables de la vulneración de los derechos de los usuarios. En ese sentido, le corresponde a cada Estado contar con legislaciones adecuadas en materia de protección de datos personales, así como con políticas concretas para que las empresas vinculadas a la provisión de este servicio digital se adecuen a altos estándares en seguridad y protección de datos personales.

Viendo otras aristas, un caso no muy poco frecuente y que vale mencionar como parte de la vulneración que pueden sufrir los derechos en mención (intimidad y privacidad), es cuando son los propios usuarios los que de una forma u otra atentan contra su propia intimidad, exponiendo contenido que pertenece a sus vidas privadas, tal vez con el ánimo de ser «más conocidos», dichas conductas se concretan cuando cargan contenido en la web (fotos subidas de tono o videos), y el asunto más grave es que esas imágenes no serán fáciles de eliminar una vez que circulan en la red.

Visto ello, en un marco general se ha notado que el derecho a la intimad y privacidad de los usuarios de la «nube», y demás medios digitales, no están completamente salvaguardados. Siendo que, a pesar de ser una herramienta accesible y novedosa, siguen existiendo riesgos de seguridad cibernética que vulneran la configuración de los derechos hasta aquí examinados.

Finalmente, con el análisis que se ha efectuado respecto a la trascendencia del derecho a la intimidad y su diferenciación con el de la privacidad, la mención de ciertos casos en los que se produce su violación a través de las herramientas digitales como la «nube»; así como la revisión legislativa que se ha realizado con la normativa nacional de Perú y la internacional, se ha llegado a ver que no existiría del todo un adecuado tratamiento legislativo en Perú sobre este tema, manifestando que internacionalmente con el RGPD ocurriría lo contrario, puesto que al tener la Unión Europea una legislación uniforme se evitan ciertos riesgos en materia de protección de la información del usuario de la nube. Así también, lo que se ha podido ver en cuanto a dispositivos de almacenamiento y transferencia de datos, es que todavía faltan medidas preventivas que adoptar en sistemas como el del *cloud computing*, que como nueva tecnología se presenta como un canal viable para la trasgresión del derecho a la intimidad y privacidad.

6. EL *CLOUD COMPUTING* Y LOS DELITOS INFORMÁTICOS

Habiéndose visto claramente los inconvenientes que pueden generarse con los datos alojados en la «nube», resulta también pertinente remitirse a lo señalado en la normativa penal de Perú, a la cual se deberá acudir para revisar otros posibles casos en los que la información en la «nube» puede correr riesgos, así como establecer las sanciones a imponerse a los delincuentes informáticos que accedieron a la información de los usuarios albergada en la «nube», o por otros medio, dándose también situaciones en los cuales dichos ladrones informáticos también manipulan y filtran la información robada, o casos en los que estas conductas delincuenciales sirvan para perpetrar delitos cibernéticos que afecten el patrimonio de las personas.

Por ello, en esta parte se desarrollarán las conductas delictivas tipificadas en la legislación penal en el mundo del ciberespacio (lo que también atañe a la «nube»), así también se hará alusión a las nuevas formas de cometer delitos en el ámbito del comercio electrónico usando los datos personales que las personas pueden alojar en la «nube».

Teniendo ello en cuenta, en Perú, en la esfera penal, se encuentra la Ley N.° 30096, que es la Ley de delitos informáticos. La norma tiene como bienes jurídicos protegidos los siguientes:

a) La confidencialidad

b) Integridad

c) Información.

Por tanto, cometer alguno de tales delitos informáticos implica la transgresión de dichos bienes jurídicos.

Dicho lo anterior, a continuación se repasarán las acciones delincuenciales que contiene la norma penal en comento, las cuales son las siguientes:

a) Atentado a la integridad de datos y sistemas informáticos.

b) Propuestas a infantes con el objetivo de llegar a actos sexuales.

c) Provocación a la discriminación.

d) Transgresión a la intimidad y el secreto de las comunicaciones – circulación ilegal de datos.

e) Intercepción de datos informáticos.

f) Sustitución de identidad.

g) Abuso de herramientas y dispositivos informáticos.

h) El fraude informático.

En el ordenamiento jurídico peruano se ha dispuesto que las personas agraviadas con las conductas delictivas descritas puedan recurrir a la División de Alta Tecnología de la Policía Nacional del Perú (DIVINDAT), ello con el fin de presentar su denuncia correspondiente; puesto que en estos casos no aplica la LPDP por ser solo una norma administrativa, además, el legislador ha pensado que tales acciones merecen un reproche jurídico severo al vulnerarse bienes jurídico tan preciados como los referidos. Por ello, el primer paso para lograr la sanción de tales conductas es recurrir a la mencionada autoridad.

De acuerdo con PICHIHUA (2021), en el año 2020, la DIVINDAT recibió una serie de denuncias sobre delitos informáticos (39.78%), denuncias que habían incrementado en relación al año anterior, tan es así que mensualmente se registraban más de 300 denuncias. Las denuncias con mayor preponderancia eran respecto a casos de: (i) fraudes informáticos y (ii) suplantación de identidad (párr. 1). Dichas situaciones dan un pronóstico poco alentador de lo que depara en los próximos años sobre el índice de estas conductas antijurídicas, ya que, si los números tienden a subir, significa que aún no se ha encontrado la forma de contrarrestar su perpetración, siendo lo grave que en estos casos no solo se trata de la vulneración de los derechos a la intimidad o privacidad, sino que también hay otros bienes jurídicos colocados en riesgo.

También, es de más sabido que actualmente la mayoría de usuarios de Internet realizan diversas compras virtuales (*E-commerce*), para lo cual muchas páginas web les solicitan registrar sus datos personales, y cuando esto sucede no suele ser poco frecuente que dichos usuarios sufran diversos fraudes a raíz de haber proporcionado su información, fraudes que a la vez encajan con la norma penal en comento. Así bien, existen distintas modalidades en los que tales fraudes (delitos) pueden ser cometidos, y justamente también podrían darse en ciertos casos con los datos que son almacenados en la «nube» (que como se ha visto pueden ser de fácil acceso si es que no hay garantía de seguridad).

Teniendo en cuenta lo mencionado, a continuación se describen algunas conductas fraudulentas en el comercio electrónico.

a) **Clonación de tarjetas de crédito**: Con esta modalidad fraudulenta lo que se hace es sustraer la información que se encuentra en la banda magnética de una tarjeta. Dicha información se traslada a través del datafono, para después ser grabada en otra banda, o se efectúa una instalación prepago para el servicio de teléfono celular (**ACOSTA**, 2014 como se citó en **DÍAZ, ANGULO Y BARBOZA**, 2018, p. 10).

b) ***Phishing***: Esta modalidad de fraude electrónico tiene como objetivo obtener las contraseñas de los usuarios de Internet. En primer lugar, los usuarios reciben correos electrónicos enviados por alguien que suplanta a una entidad renombrada. El correo que reciben los usuarios posee un enlace falso, al cual los internautas acceden por medio de engaños. Luego de ello, en el sitio web al que dirige el enlace le requiere al usuario consignar sus datos personales, concretándose así el robo (**LEGUIZAMÓN**, 2015, p. 12).

c) ***Spear Phishing* o *phishing* segmentado**: Esta modalidad de fraude cibernético es catalogada como un tipo especial de *phishing*, que tiene la meta que de investigar a un grupo determinado de usuario para que el correo electrónico que contiene el enlace se adapte a tal grupo de destinatarios, siguiéndose el mismo *modus operandi* que el *phishing* (**LASTDRAGER**, 2018, p. 27).

d) **Transferencias electrónicas fraudulentas**: Para perpetrar este fraude se usa el *phishing*, siendo que el delincuente persigue que algún usuario le proporcione su información privada para poder efectuar el robo del dinero. Con la información que adquiere el delincuente se procede a ingresar a las cuentas bancarias de la víctima y realizar operaciones fraudulentas vía Internet.

e) **Compras por Internet mediante información de tarjetas de crédito o débito**: Esta modalidad se genera cuando el usuario compra vía Internet empleando una señal Wifi, por lo que el delincuente puede, mediante tal conexión inalámbrica, robar la información de las tarjetas del usuario, para finalmente efectuar varias compras en sitios webs confiables, evitando generar sospechas.

f) ***Vishing***: Se remiten a los usuarios correos electrónicos señalándoles que su consumo de línea telefónica les ha generado una alta cantidad de facturación, refiriéndoles que ante cualquier reclamo deben de llamar a un cierto número telefónico. Cuando el usuario está en comunicación con tal número telefónico, que es supuestamente un banco, es cuando le solicitan ingresar su información bancaria, teniendo los delincuentes libre disposición del dinero que está en la cuenta bancaria de la víctima (PAREDES, 2013, p. 75).

g) ***Ransomware***: Este tipo de fraude cibernético consiste en una especie de secuestro de información por el cual mediante un software malicioso se le solicita al usuario del equipo electrónico que abone un rescate (ESET, 2016, p. 2).

h) ***Smishing***: Es una nueva modalidad fraudulenta del *phishing*, por la cual se sustrae la información de un usuario empleando mensajes de texto (SMS) de un teléfono celular (KANG et al., 2014 como se citó en MARTÍNEZ et al., 2018, p. 118).

No todas las conductas fraudulentas descritas sobre el comercio electrónico son aplicables al *cloud computing*, cuando de robo de datos se trata. Por ejemplo, las cuales podrían encajar en el acceso de información por medio de la «nube» podrían ser el *phishing* y *spear phishing*, porque justamente para que el delincuente sepa a qué usuarios podrá defraudar es obvio que debe de tener información sobre tal usuario, por tanto, no queda descartado que haya conocido de tales datos con solo inmiscuirse en la «nube» donde la víctima del fraude guarda su información. Así también puede ser en el caso de *Ransomware*, donde el delincuente cibernético para concretar su actuar delictuoso (robo de información) debe de haber tenido que vulnerar el sistema de seguridad del *cloud computing* y sustraer todos los datos posibles para después pedir el precio del rescate.

Entonces, se ha constatado que el adelanto tecnológico y el acelerado cambio del comercio presencial al comercio electrónico han significado la perfecta oportunidad para perpetrar nuevas formas de delitos (que hasta hace unos años no existían), haciendo que en la actualidad los países adopten distintas medidas legislativas (por ejemplo, leyes especiales en materia penal), hasta la creación de entidades especializadas que se avoquen a esta nueva clase de conductas delictivas (como la DIVIDANT de Perú). Ahora, lo que aquí resulta grave es que el robo de la información de los usuarios no tiene el simple propósito de acceder a la información y difundirla por la red, sino que los datos sustraídos constituyen la herramienta para atacar el patrimonio económico de las personas a través, por ejemplo, del robo de sus identidades; y como se señaló, ello no solo implica una vulneración a la esfera más íntima o privada, sino que a la vez conlleva a perjudicar otros bienes jurídicos como los protegidos en la Ley de Delitos Informáticos.

Ha de resaltarse que, el tema de la aparición de nuevas modalidades delictivas por medio medios informáticos también ha concitado ciertos debates, como bien lo declaró Hernández (como fue citado en Martínez, 2019), quien mencionó que algunos sectores de la doctrina en materia penal han sugerido establecer otra categoría jurídico-penal donde queden identificadas las conductas delictuosas en el ámbito de la informática, es decir; que abarquen otros bienes jurídicos y no únicamente los que ya existen, debido a que; las nuevas conductas penales en el ámbito informático quebrantan otros intereses, siendo que la seguridad informática debería ser categorizada como el bien jurídico colectivo a proteger, además de la intimidad informática (p. 13).

Según lo expresado por el autor, no bastaría pues solo plantear una norma que contenga tipificadas conductas delictivas y sanciones, como se ha visto que por ejemplo se hace en la Ley de Delitos Informáticos de Perú, sino que además es necesario enfatizar que existen otros bienes jurídicos que se vulneran, y que además, no solo se vulnera el derecho de alguien «de forma individual», sino que el bien jurídico es uno común, alcanza una mayoría de personas, tal y como lo es la seguridad informática. A lo anterior también se añade el bien jurídico la intimidad informática, y no únicamente lo que se conoce como el clásico derecho a la intimidad, ya que el contexto en el que se produce la conducta delictiva es relevante (ciberespacio). Entonces, podría decirse que la legislación penal de Perú en este aspecto se ha limitado a considerar los bienes jurídicos clásicos, cuando lo adecuado hubiese sido ya hablar de otros bienes jurídicos, no obstante, lo realmente bueno ha sido comenzar tipificando las conductas escritas líneas arriba y hacerlas merecedoras de sanciones.

En síntesis, y teniendo todo lo expuesto con la descripción genérica de la normativa aplicable al servicio del *cloud computing* en el sistema jurídico del Perú (LPDP) y otras disposiciones legislativas (Ley de Delitos Informáticos de Perú), se vuelve a recalcar que no se ha encontrado que exista una legislación sobre el servicio de la «nube» como tal, ni tampoco comunicaciones que hayan emitido las autoridades competentes en el país, salvo los lineamientos para usar la «nube» en la administración pública, mas no documentos como los vistos en el caso de la Unión Europea, aunque del Reglamento de la LPDP de Perú exista una somera regulación de la «nube».

En ese sentido, si realmente se desea tener una regulación a la vanguardia que tutele adecuadamente el derecho a la protección de datos personales y otros como el de la intimidad y privacidad, lo que se hace necesario es encuadrar correctamente la mención de los servicios de la «nube» en las normas, o en todo caso contar con una legislación con mayor rigurosidad para que se pueda concretar la protección de datos personales; ya que en América Latina no existe tampoco una legislación uniforme y rigurosa sobre la materia, situación que también está pendiente de ser atendida.

No obstante lo mencionado, se destaca el aporte que se tiene mediante los Estándares de Protección de Datos Personales para los Estados iberoamericanos, que tienen que ser observados por el Perú, aunque no pasan de ser simple recomendaciones en las cuales también, otra vez, se ha destacado que los países de Iberoamérica deberían de contar con una regulación unificada para así garantizar en mayor medida la protección de datos personales de las personas, además de regular nuevas tecnologías como el *cloud computing*.

Concluyendo, puede decirse que lo que se percibe como necesario es que se deben normar los escenarios que actualmente se están presentando, y que ya no son los de antes, lo que implica tener en consideración la llegada de las nuevas tecnologías en la sociedad, y así también instituir políticas y guías óptimas en materia de protección de datos personales, ya que hablar de ellos es hablar de *cloud computing*. Asimismo, no se debe dejar de lado que las políticas y guías que se emitan para nuevas tecnologías deben ser específicas, es decir; aplicables a cada servicio en particular, y que la regulación de la «nube» sea en todos los ámbitos (públicos y privados). Lo anterior porque se hace imperioso que las compañías que proporcionen estos servicios las apliquen a fin de salvaguardar los interese de sus clientes, como también lo deben hacer por su parte los entes públicos que recopilan datos personales de los ciudadanos y que los almacenan en la «nube».

7. EL *CLOUD COMPUTING* Y EL DERECHO AL OLVIDO

En este apartado se hace referencia al derecho al olvido; en el que además de explicar su origen, contenido y cómo es que se ha venido aplicando, también será teorizado, si cabe el término, como una medida alternativa para la eliminación de datos almacenados en el *cloud computing* en casos de vulneración de derechos (como el de la intimidad o privacidad, por ejemplo), claramente teniendo en cuenta los criterios que la jurisprudencia ha emitido sobre tal institución, evitando así su colisión con otros derechos y libertades.

Antes de proceder a describir el origen, conceptualización y aplicación del derecho al olvido, cabe hacer la siguiente pregunta: ¿Por qué considerar al derecho al olvido como un mecanismo eficiente para el borrado de datos almacenados en el *cloud computing* en casos de vulneración de derechos? Pues bien, la respuesta a la anterior pregunta puede encontrase en que, por ejemplo, a través del RGPD existe el derecho de supresión, y en la LPDP de Perú se ha consagrado el derecho de cancelación cuando el usuario desee que sus datos ya no sigan siendo tratados por el proveedor del *cloud computing* u organización contratante del *cloud computing*, según sea el caso). Pero, no existe como tal un «derecho al olvido», el cual tiene ciertas características para su aplicación, y que por supuesto también tiene limitaciones para ser concretado. Si a todo ello se le aúna el hecho de la falta de normas o políticas unificadas sobre protección de datos en sistemas informáticos como la «nube», la situación es crítica. Es por ello que tal derecho se presenta como una opción no descartable y que debe ser examinada, por ejemplo, en casos en los que se atente contra derechos a la intimidad o privacidad de las personas.

En ese sentido, lo que en este apartado se propone, si se quiere, es un «enfoque de urgencia» para que los datos sean eliminados de forma célere sin tener que recurrir a procedimientos engorrosos y que tardan mucho tiempo, respetando los criterios con los que se debe aplicar el derecho al olvido en el *cloud computing*. Ahora, a fin de centrar esta propuesta y describir brevemente de qué se trataría, primero será importante ver qué es el derecho al olvido y cómo se ha venido aplicando.

Iniciando con el origen del derecho al olvido, se debe mencionar que es en Estados Unidos donde se generó uno de los antecedentes más importantes respecto al derecho en comento, que en un principio fue entendido como el «derecho a la privacidad». Lo anterior sucedió con la publicación del tan famoso manuscrito «*The right to privacy*» de SAMUEL WARREN y LOUIS BRANDEIS, en donde aquellos autores establecieron los cimientos para configurar el derecho a la privacidad. Es a partir de ese escrito que se empieza a dar forma a la idea relacionada a que la intimidad de cada persona es un derecho de suma relevancia, y como tal debe de obtener un debido reconocimiento y protección. Tal concepción fue trascendental porque en aquel entonces era difícil aceptar el resguardo de un derecho intangible perteneciente al ámbito personal de los ciudadanos (MORENO, 2019, p. 262).

Es así que, el concepto de derecho al olvido siempre ha tenido vinculación con los derechos que se transgreden en las plataformas digitales, los cuales se han estado mencionando hasta aquí (el derecho a la intimidad y privacidad), y al mismo tiempo en ello también radica su trascendencia, porque el haberse manifestado que era imperioso salvaguardar el derecho a la privacidad hizo que doctrinariamente se piense en una forma de hacerlo, y la opción más viable fue abogar por el «olvido» de la información que se encuentra en la red, lo cual a la vez hasta el día de hoy viene generando un sinfín de debates.

Ahora, lo importante aquí será aterrizar el concepto del derecho al olvido en Internet. Pues bien, este derecho hace referencia a la garantía que poseen las personas naturales para cesar la circulación de su información en la red, propiciando de esta manera su supresión, y ello persigue un claro objetivo que es llegar a un balance entre el derecho a estar informados con el derecho a la intimidad (SILBERLEIB, 2016, p. 129).

Siendo así, ha de entenderse al derecho al olvido como una prerrogativa dada a las personas con el fin de reclamar la no aparición de sus datos en la web, y tal derecho opera por su sola solicitud cuando los usuarios lo consideren más conveniente. Por ello, y análogamente, este derecho permite que el usuario solicite a compañías como Google o Amazon que retiren su información personal almacenada en las plataformas virtuales que tales empresas dirigen, lo que también aplicaría a los servicios del *cloud computing*.

Y aunque los años han pasado, la aceptación del derecho al olvido sigue siendo todavía un punto álgido en las legislaciones de varios países, ya que su aprehensión no se ha establecido del todo, pero ha sido por medio de la jurisprudencia que se ha tratado de discutir su correcta aplicación. Ello no es poco, porque a la vez su reconocimiento a través de pronunciamientos judiciales podría significar, se piensa, una colisión con otros derechos fundamentales. No obstante, puede constituir, a la vez, un beneficio como en el caso de la información que es robada de la «nube» para ser manipulada o falsificada, y posteriormente filtrada; siendo que la invocación y aplicación del derecho en comento podría de alguna forma mitigar el daño causado a los derechos a la intimidad y privacidad de las personas.

Es momento de referir algunos pronunciamientos jurisprudenciales respecto al derecho al olvido, los cuales han ido sentando las bases para su adopción. Así, se tiene que, en el año 2014, por citar un ejemplo, el Tribunal de Justicia de la Unión Europea tuvo en sus manos resolver el polémico *Caso Google España S.L.*, y Google Inc., constituyendo la primera vez en que se delimitaban los lineamientos para poder aplicar el derecho al olvido en un caso concreto. Los lineamientos esgrimidos por el Tribunal con relación a la aplicación del derecho al olvido son los que se detallan a continuación:

a) Se podrá aplicar el derecho al olvido cuando los motores de búsqueda muestren información estimada como lesiva a la persona.

b) Cuando los datos divulgados no cuenten con alguna importancia informativa.

c) La información que se propala no perjudique a algún personaje famoso.

Por ello, de cumplirse con tales requisitos será viable que la información propalada en la red pueda eliminarse (Tribunal de Justicia de la Unión Europea, 13 de mayo de 2014).

Entonces, de la revisión de lo mencionado por el Tribunal de Justicia de la Unión Europea, es factible pedir el olvido de la información en la red en los casos de datos inapropiados, impertinentes, o cuando tales datos ya cumplieron el fin que tenían, teniéndose en cuenta además que la información que será eliminada no tendría mayor importancia por la calificación del sujeto (personaje no público). Es más, es claro que el Tribunal ha manifestado que es viable requerir el olvido ante los motores de búsqueda, como Google, teniendo así que la información será excluida de la lista de resultados que figura en tales herramientas. De igual modo, se considera que los parámetros fijados también podrían operar sobre la información almacenada en la «nube»; ya que como bien se ha informado a lo largo de esta obra, cuando se habla de *cloud computing*, también se habla de datos personales, ello tomando en cuenta que la legislación aplicable será la misma (legislación sobre protección de datos personales), y aquella contempla en derecho de cancelación, que si bien no es lo mismo que el derecho al olvido, existe un símil al ambos al tener como objetivo común eliminar información. Así, se considera que pronunciamientos como el emitido deberán ser observados por los proveedores del servicio de la «nube», pero siempre ajustándose a los parámetros consignados.

Similarmente, en Perú, la Dirección General de Protección de Datos Personales, en el año 2015, también por vez primera expidió una resolución de la cual se entiende amparado el derecho al olvido digital. Pues bien, la resolución de la cual se hace mención es la Resolución Directoral N.° 045-2015-JUS-DGPDP del 30 de diciembre de 2015, parte del Expediente N.° 012-2015-PTT. El contexto del caso fue que, la Dirección General de Protección de Datos Personales de Perú resolvió la controversia que había respecto a un ciudadano de Perú, quien solicitó el retiro de la información que estaba filtrándose en la web sobre la comisión de un delito que supuestamente dicha persona había cometido, ello también porque el proceso que seguía tal delito había finalizado. En tal caso, fue constatado que no había necesidad de presentarse ante el órgano judicial para que pueda ser aplicado el derecho al olvido.

Pese a que en este caso la resolución del conflicto, para aplicar el derecho al olvido, se dio en la vía administrativa, no debe dejar de verse que ello, asimismo, representó un obstáculo; porque requerir la activación de procedimientos y constataciones de instituciones como la Dirección General de Protección de Datos Personales, toma un tiempo de respuesta, siendo ello engorroso y desgastante. Por ello, la propuesta de la que en un inicio se hablaba sobre que la información del usuario sea retirada automáticamente con una solicitud resulta de lo más beneficioso para la persona perjudicada en sus derechos.

No ha de negarse que puede que tal propuesta genere controversias; por ello, para su aplicación se debe dejar claro cómo funcionaría, lo cual sería a través de la evaluación de ciertos criterios respecto a cómo procedería el borrado de aquella información o dato catalogado como «irrelevante» o «perjudicial» para que sea removido de la «nube», ante ello una medida que podría aplicarse es la referida a cuando los usuarios de Internet cuentan con un plazo breve para dejar de recibir correos promocionales a través de la «desuscripción», o en casos que redes sociales como Facebook, Twitter, entre otras, suspenden las cuentas de los usuarios por no ajustarse a sus políticas, es decir; lo célere en lo que tales procedimientos se aplican, que al parecer cuentan con un tiempo de respuesta y evaluación que podría ajustarse a estas circunstancias. No obstante, la aplicación del olvido de la información de los usuarios de Internet será un tema a analizar por parte de los legisladores, más si se estuviese frente a la vulneración de algún derecho o exista la confrontación de algunos derechos (intimidad y privacidad) con otros que también son importantes (libertad de información o expresión).

De la idea presentada en el párrafo anterior se tendrá que ser muy cuidadosos, poniéndose énfasis en que los legisladores deben de examinar este tema con cautela, para evitar también la trasgresión de otros derechos. Así y evaluándose minuciosamente tales ideas, lo saludable sería el retiro de tal información imprecisa, irrelevante y demás que afecte los derechos de los usuarios.

Por lo expresado hasta el momento, se tiene que el derecho al olvido es de especial relevancia por su grado de vinculación con el derecho a la intimidad y protección de datos personales, además de relacionarse con la protección de la seguridad en la sociedad de la información. Puede decirse también que, el derecho al olvido posee una estrecha relación con los derechos fundamentales y también con la libertad de información de los propios ciudadanos para hacer valer sus derechos al honor y a la imagen (Arellano y Ochoa, 2013, p. 199).

A razón de lo expuesto, puede comentarse que una persona está en todo su derecho de solicitar la desaparición de determinada información suya (o que se vincule a ella) que se haya colocado en la red, ello por ser atentatoria no solo a su propia intimidad y privacidad sino también por el consecuente perjuicio que ello pude desencadenar en su honor y reputación. Por otra cuenta, debe precisarse que ello no debe ser excusa para dejar de lado el tema crucial del establecimiento de normas y políticas preventivas en los sistemas de almacenamiento y transferencia de datos personales.

Por otra parte, y siguiendo con la ilación del asunto, *Tomeo* (2021) resaltó que, en Argentina, en el ámbito del derecho civil, se busca erradicar la información injuriosa por medio del «*Cleaning digital*». Según el autor, tal herramienta integra un conjunto de actuaciones técnicas, extrajudiciales y/o judiciales, cuyo fin es borrar cierta información de Internet o bloquear su acceso. Lo anterior permite delimitar, corroborar y depurar contenido (párr. 6). Así bien, pese a no existir una uniformidad en las legislaciones latinoamericanas sobre la eliminación del contenido que puede resultar lesivo para los derechos de las personas, algunos países han adoptado mecanismos que de una u otra forma permiten «olvidar» la información maliciosa que circula en la red, por tanto, la propuesta que se ha venido haciendo sobre el borrado con «enfoque de urgencia» no está fuera de lugar y es algo que debería seriamente evaluarse.

Cabe resaltar que, la Agencia Española de Protección de Datos (en adelante, «AEPD») (2021) mencionó que cuando en el RGPD se normó el derecho de supresión de datos, este fue concebido en concordancia con el «derecho al olvido»; así y todo, el derecho de supresión también implica que el responsable del tratamiento de datos, que los haya expuesto, quede obligado a indicar a quienes sean los responsables de la gestión de datos personales que borren cualquier vínculo que exista sobre tales datos, así como las copias que hubiesen de ellos. Sin embargo, hay excepciones para dicha supresión, y es cuando esté en juego el interés público y demás derechos (párr. 2-3).

Se ha observado que, en España se ha seguido muy ampliamente el criterio de adoptar el derecho al olvido, ello al pronunciar la AEPD el estrecho vínculo que guarda este con el derecho de supresión de datos, y es que después de los pronunciamientos jurisprudenciales al respecto ya se ha hecho imposible no aceptarlo, no obstante, bien ha hecho la AEPD de reiterar las limitaciones de su aplicación, ello con el claro fin de no atentar contra demás derechos y garantías esenciales, cuestión que en Latinoamérica aún sigue siendo un conflicto, y ello tal vez porque:

- No existe una legislación unificada sobre datos personales.
- Al no existir lo anterior (legislación uniforme), no se puede hablar de los criterios con los que se aplicaría el derecho al olvido.

El caso yuxtapuesto de Latinoamérica que se ha mencionado se manifiesta cuando, a pesar de existir pronunciamientos que han reconocido el derecho al olvido, y por ende su aplicación, aún se encuentran posturas que señalan que su aplicación produciría una transgresión hacia otros derechos, entre los cuales se encuentran la libertad de expresión e información. Empero, si se siguiesen criterios tales como los pronunciados por el Tribunal de Justicia de la Unión Europea, lo anterior no pasaría.

Concretamente, las posiciones que suelen darse sobre la no aceptación al derecho al olvido, tienen como sustento que sería contraproducente que hoy en día, con la dinamización de la tecnología, se limite a las personas en su derecho a expresarse, o que se restrinja su derecho de acceder a toda clase de información que ellas crean conveniente o necesiten. Por tanto, en una situación como la descrita en el párrafo anterior, restringir la publicación de una noticia o impedir a su acceso puede ser interpretado como un perjuicio al derecho de libre expresión y de acceso a la información. Con relación a este tema, LETURIA (2016, pp. 103-106) manifestó que eran determinadas circunstancias las que determinarían que el derecho al olvido no pueda ser aplicado, lo que también aplica para la información alojada en la «nube», al ser datos personales. De acuerdo con el académico, tales circunstancias eran:

- La periódica actualización de una situación pasada que resulta de interés para la sociedad.
- La necesidad de preservar algunos antecedentes.
- Cuestiones vinculadas a la seguridad del país.
- Los casos judiciales.

Siguiendo la línea de lo que expresaba el autor líneas arriba, un claro ejemplo para la no aplicación del derecho al olvido es el tema vinculado a la información sobre casos corrupción cuya eliminación se solicita, o cuando se trate de temas referentes a la transgresión de derechos humanos, o casos de terrorismo. Por tales motivos, ha de enfatizarse que en tales circunstancias no debería de operar bajo ningún término el derecho al olvido. Entonces, se recalca que, siguiendo el mismo camino del Tribunal de Justicia de la Unión Europea, los demás países de Latinoamérica también deberían fijar bajo qué criterios debería de aplicarse el derecho al olvido, a fin de no provocar perjurios en los derechos y libertades de las demás personas, es más ya se cuentan con los parámetros establecidos en la Unión Europea.

De todo lo mencionado y visto, puede decirse que el derecho al olvido puede ser equiparado, de cierta forma, con los derechos ya consagrados de «cancelación u oposición», solo que el primero tiene un espectro más amplio de aplicación. Empero, para que el derecho al olvido como tal sea reconocido en Latinoamérica y demás países en los que su aplicación se muestra reticente, es menester también considerar lo consignado en artículo 32.°.2 de la CADH, que establece que los límites de los derechos de las personas vienen dados por los derechos de los demás, lo que tiene que ser consecuente con el bien común, la seguridad de la ciudadanía en general y con una sociedad que vive en democracia (**Franco y Quintanilla**, 2020, p. 290). Por ello, si se desea un pleno reconocimiento del derecho al olvido, es prioritario establecer, de nuevo, los parámetros de su aplicación, para no atentar contra derechos, libertades e intereses comunes.

López (2018) estableció que, no cabía duda de que prevenir delitos debe ser el límite a considerar al defender el derecho a la libertad de expresión en el ámbito del ciberespacio, no obstante, ello no debe llevar a pensar que será usado por un Estado o por la sociedad internacional para controlar ilimitadamente tal libertad (p. 24). En ese sentido, al momento de decidirse la aplicación del derecho al olvido, en contraste con el derecho de libertad de expresión, lo que debe efectuarse es un test de ponderación de derechos, es decir, analizar caso por caso y ver qué derecho merece ser salvaguardado. Por ejemplo, el Tribunal de Justicia de la Unión Europea mencionó que no podrá «olvidarse» información propalada que no perjudique a algún personaje famoso, es decir; un funcionario público no podrá solicitar que información sobre él respecto a un caso de corrupción se elimine, ni menos alegar que se está vulnerando su intimidad si tal información sigue circulando en la red.

Todo lo hasta aquí abordado en relación al derecho al olvido ha sido consignado con el ánimo de siempre tener en cuenta que esta institución puede ser aplicada cuando, de igual forma, se filtren o propalen datos almacenados en la «nube» sin consentimiento del titular de datos personales; ya que como se ha podido apreciar la legislación aplicable al *cloud computing* es la relativa a la de protección de datos personales, por tanto; los criterios deberán ser similares.

De igual forma, ha quedado claro que por más que no exista una mención expresa de la legislación concerniente al *cloud computing* en algunas legislaciones, en este manuscrito se ha tratado de mostrar que la normativa aplicable es básicamente la misma (normativa de protección de datos personales). Asimismo, que es de suma urgencia crear una legislación especializada y unificada en la «nube» (en los diversos países), siendo además necesarias políticas preventivas ante los riesgos de seguridad que puede sufrir la información de los usuarios del servicio.

8. CONCLUSIONES

1. El *cloud computing* ha significado una de las innovaciones tecnológicas más útiles de los últimos tiempos, ya que por medio de esta los usuarios pueden acceder a una serie de recursos compartidos, que además permite almacenar y transferir información con solo hacer uso del Internet. Pero a pesar de ello, también existen algunos inconvenientes en relación a la «nube», debido a los problemas de seguridad que presenta tal herramienta tecnológica por la falta de cifrados adecuados, lo cual tiene mucha importancia en el ámbito jurídico, sobre todo desde un enfoque preventivo, ya que al no existir una regulación adecuada sobre este sistema se pone en riesgo la información de sus usuarios.
2. A nivel internacional se han realizado diversos esfuerzos por regular jurídicamente al *cloud computing*, y una prueba de ello han sido los diversos instrumentos que han sido emitidos sobre el particular, tales como; la Comunicación de la Comisión al Parlamento Europeo del año 2012 o el documento *European Parliament Resolution of 10 December 2013 on Unleashing the Potential of cloud computing in Europe* 2013/2063 (INI), siendo que con el Reglamento General de Protección de Datos del año 2016, que es una de las normas mundialmente más a la vanguardia en materia de protección de datos personales, se empezó a esquematizar de manera más adecuada el tratamiento de la información alojada en la «nube», ello al concebírsele como un sistema de almacenamiento y transferencia de datos, trayendo consigo una mejor protección en materia de seguridad y confianza con niveles más óptimos para la dinamización de la economía digital.
3. Se hace sumamente imprescindible que, como bien lo sugieren los Estándares de Protección de Datos Perso-

nales para los Estados iberoamericanos, los países de la región iberoamericana puedan concertar una regulación unificada en materia de protección de datos personales, ello a fin de contar con las debidas garantías frente a los posibles riesgos que trae el uso de las nuevas tecnologías como el *cloud computing*. La razón de lo anterior se da puesto que, en algunos de los países de Latinoamérica como; Perú, Argentina y Colombia, hay aspectos dispares en las regulaciones sobre protección de datos personales, además, en sus legislaciones no existe una regulación expresa del *cloud computing*, teniendo solamente que recurrirse a las recomendaciones o documentos expedidos por las autoridades de protección de datos personales de dichos países. Pese a lo anterior, México se ha mostrado como una excepción; debido a que medianamente cuenta con más avances respecto a la regulación del *cloud computing* por medio del Reglamento de la Ley Federal. Empero, lo más adecuado por temas de seguridad, prevención, además de economía digital, sería contar con una regulación uniforme en protección de datos personales a nivel de región.

4. En cuanto a la legislación peruana, pudo verse en primer término que contratar servicios de la «nube», desde el derecho de los contratos, es perfectamente válido; siendo que de la legislación civil le es aplicable a tal tecnología las disposiciones relativas a la contratación entre ausentes y hasta la normativa de los contratos por adhesión. Asimismo, desde el análisis de la regulación peruana en materia de protección de datos personales, pudo apreciarse que existe un tratamiento legislativo de la «nube», aunque aún incipiente, ello por medio del Reglamento de la LPDP cuando se hace referencia a los servicios tercerizados, pero de forma general. Se pudo llegar a tal conjetura de una regulación de la «nube», puesto que el titular de datos personales, como en toda legislación de esta materia, debe prestar su consentimiento para la recopilación, almacenamiento y transferencia de su información por parte de una empresa (organismo público o privado) que es servidor del *cloud computing*. Así bien, cuando después por motivos señalados en la LPDP la información ya no deba de permanecer en la «nube», o deba ser modificada, por ejemplo, el titular de datos personales podrá ejercitar sus derechos ARCO, o en su defecto incoar el Procedimiento Trilateral de tutela.

5. El uso de tecnologías como el *cloud computing*, a pesar de sus beneficios, ha supuesto graves riesgos para los derechos a la intimad y privacidad de quienes lo usan, siendo uno de sus riesgos las deficiencias de cifrados especiales, que a la vez representa un problema de seguridad para la información que es almacenada y transferida. Asimismo, lo mencionado supone una situación más crítica debido a la escasa regulación del *cloud computing*, como se ha visto en algunos países latinoamericanos y en Perú, donde, pese a existir ciertos mecanismos que deben adoptar los proveedores de la «nube», no se mencionan medidas preventivas concretas ante los problemas de cifrados deficientes o problemas de diseño de la «nube», quedando siempre en el limbo los usuarios del servicio. Por ello, se considera que, si bien las medidas administrativas para proteger los datos personales o las sanciones penales ante las crecientes modalidades de delitos cibernéticos tienen su razón de ser, lo que sería muy importante de atender con énfasis es el factor de prevención, y ello se logrará por medio de una regulación exacta de servicios como el *cloud computing* que contemplen un espectro más amplio sobre el particular incluyendo medidas de prevención.
6. El derecho al olvido se ha presentado como una alternativa para las personas que deseen solicitar la no aparición de su información en las plataformas digitales, ello por atentar contra sus derechos (intimidad o privacidad, por ejemplo), empero, su aceptación en las legislaciones del mundo aún sigue siendo un tema a examinar. No obstante lo anterior, existen diversos pronunciamientos jurisprudenciales, como en la Unión Europea, donde se han establecido ciertos criterios para su adopción y así de alguna forma mitigar el perjuicio causado a los derechos de los usuarios del Internet. En Perú también ha habido algún antecedente sobre el derecho al olvido, aunque con mayor ambigüedad, ya que no se han sentado parámetros específicos para su concreción. Ahora, no solo sería bueno que en Perú se fijen tales parámetros, sino que, a nivel de Latinoamérica, como bien se ha hecho en la Unión Europea, se debe comenzar a esbozar criterios regionales sobre la aplicación del derecho al olvido, claro está velando que su adopción no se contraponga con otros derechos de suma importancia (libertad de expresión y de información, por ejemplo). Finalmente, sería óptimo albergar la posibilidad de que con una solicitud el titular de datos personales

pueda pedir que su información sea retirada automáticamente de alguna plataforma digital, ya que con ello se salvaguardarían apropiadamente sus derechos, evitándose a la vez procedimientos engorrosos. Sin embargo, ha de tenerse en consideración que aplicar tal medida como un «derecho al olvido» debe ser analizado con suma cautela por los legisladores, quienes deberán establecer los criterios pertinentes para el tema, más si se tiene en cuenta la posible vulneración de otros derechos.

9. BIBLIOGRAFÍA

ACEDO, A. y PLATERO, A. (2016). «La privacidad de los niños y adolescentes en las redes sociales: Referencia especial al régimen normativo europeo y español, con algunas consideraciones sobre el chileno». *Revista chilena de Derecho y Tecnología*, 5(1), 63-99. http://dx.doi.org/10.5354/0719-2584.2016.42557

AGENCIA ESPAÑOLA DE PROTECCIÓN DE DATOS. (18 de mayo de 2021). *Derecho de supresión («al olvido»).* https://www.aepd.es/es/derechos-y-deberes/conoce-tus-derechos/derecho-de-supresion-al-olvido

AGENCIA ESPAÑOLA DE PROTECCIÓN DE DATOS. (2018). *Guía para clientes que contraten servicios de cloud computing*, AEPD, https://www.aepd.es/es/documento/guia-cloud-clientes.pdf-0

APARICIO, R. (2021). «El uso de teléfono móvil en la empresa y el derecho de protección de datos a propósito de la STS de 8 de febrero de 2021». En D. KAHALE (Dir.), *Consideraciones a la industria 4.0 desde varias perspectivas: Jurídicas y económicas*. Thomson Reuters, Aranzadi.

ARELLANO, A. y OCHOA, W. (2013). «Derechos de privacidad e información en la sociedad de la información y en el entorno TIC». *Revista IUS*, 7(31), 183-206.

ARELLANO, W. (2014). «Gobierno abierto y privacidad: la problemática del Big data y el cómputo en la nube. Virtualis» *Revista de cultura digital*, 5(10), 34-59. https://doi.org/10.2123/virtualis.v5i10.102

Armbrust, M., Fox, A., Griffith, R. Joseph, A., Katz, R., Konwinski, A. Lee, G., Patterson, D. Rabkin, A., Stoica, I., y Zaharia, M. (2009). *Above the Clouds: A Berkeley View of cloud computing* [Archivo PDF]. https://www2.eecs.berkeley.edu/Pubs/TechRpts/2009/EECS-2009-28.pdf

Bekerman, U. (30 de agosto de 2021). *Algunas consideraciones sobre la nueva Ley china de Datos Personales.* https://dpicuantico.com/area_diario/doctrina-en-dos-paginas-diario-dpi-suplemento-derecho-y-tecnologias-nro-85-31-08-2021/

Carazo, P. (2006). *El método de estudio de caso: estrategia metodológica de la investigación científica.* Pensamiento & Gestión, (20), 165-193. https://www.redalyc.org/pdf/646/64602005.pdf

Caso Google España SL y Google Inc. v. Agencia Española de Protección de Datos (AEPD) y Mario Costeja González. Cuestión Prejudicial N.° C-131/12. (España). (13 de mayo de 2014). Tribunal de Justicia de la Unión Europea. http://curia.europa.eu/juris/document/document.jsf?docid=152065&doclang=ES

Castillo, C. (2001). *Protección del derecho a la intimidad y uso de las nuevas tecnologías de la información*. Derecho y conocimiento, (1), 35-48.

Castro, A. (2016). «Derecho a la intimidad en las redes sociales de internet en Colombia». *NOVUM JUS*, 10 (1), 113-133. http://dx.doi.org/10.14718/NovumJus.2016.10.1.5

Changary, R. (2011). *Celebración de contratos a través de medios electrónicos. Ciencia Amazónica*, 1(1), 75-80.

Cobos, A. (2013). *El contenido del derecho a la intimidad*. Cuestiones Constitucionales, (29), 45-81.

Comisión Europea. (2012). *Comunicación de la Comisión al Parlamento Europeo, al Consejo, al Comité económico y social europeo y al Comité de las regiones: Liberar el potencial de la computación en nube en Europa*, Dirección General de Redes de Comunicación, Contenido y Tecnologías, https://ec.europa.eu/transparency/regdoc/rep/1/2012/ES/1-2012-529-ES-F1-1.Pdf

Comisión Europea. (2018). *Comunicación de la Comisión al Parlamento Europeo y al Consejo Mayor protección, nuevas oportunidades: Orientaciones de la Comisión sobre la aplicación directa del Reglamento general de protección de datos a partir del 25 de mayo de 2018*, Dirección General de Justicia y Consumidores, https://ec.europa.eu/transparency/documents-register/detail?ref=COM(2018)43&lang=es

Constitución Política del Perú de 1993. 29 de diciembre de 1993.

Contreras, P. (2020). *El derecho a la protección de datos personales y el reconocimiento de la autodeterminación informativa en la Constitución chilena.* Estudios Constitucionales, 18(2), 87-120. http://dx.doi.org/10.4067/S0718-52002020000200087

Convenio N.° 108. Convenio N 108 del Consejo de Europa para la protección de las personas con respecto al tratamiento automatizado de datos de carácter personal y protocolo adicional al convenio para la protección de las personas con respecto al tratamiento automatizado de datos de carácter personal, a las autoridades de control y a los flujos trasfronterizos de datos. 28 de enero de 1981.

Cruz, J. (1 de octubre de 2015). *Cloud computing: la regulación de la transferencia internacional de datos personales y la prestación de servicios por parte de terceros*. SAIJ. http://www.saij.gob.ar/juan-cruz-gonzalez-allonca-cloud-computing-regulacion-transferencia-internacional-datos-personales-prestacion-servicios-parte-terceros-dacf150527-2015-10-01/123456789-0abc-defg7250-51fcanirtcod#

Decreto de Urgencia N.° 007-2020. Decreto de Urgencia que aprueba el marco de confianza digital y dispone medidas para su fortalecimiento. 09 de enero de 2020.

Decreto Legislativo N.° 295, Código Civil. 25 de julio de 1984.

Decreto Supremo N.° 003-2013-JUS. Reglamento de la Ley N.° 29733, Ley de Protección de Datos Personales. 22 de marzo de 2013.

DÍAZ, S., ANGULO, J., y BARBOZA, M. (2018). *Análisis del delito de fraude electrónico: modalidad tarjeta de Crédito.* [Trabajo de final de semestre, Universidad Cooperativa de Colombia Sede Montería]. https://repository.ucc.edu.co/bitstream/20.500.12494/8381/1/2019_analisis_delito_fraude.pdf

DOMÍNGUEZ, A. (2018). *La contratación del cloud computing*. [Tesis de posgrado, Universidad Pablo de Olavide]. https://dialnet.unirioja.es/servlet/tesis?codigo=215683

DOF: 06/09/2011. Acuerdo por el que se establece el Esquema de Interoperabilidad y de Datos Abiertos de la Administración Pública Federal. 06 de setiembre de 2011.

ESET. (2016). *Todo sobre el ransomware: Guía básica y preguntas frecuentes*, ESET LA, http://www.eset-la.com/pdf/kit-antiransomware/Guia-Todo_Sobre_Ransomware.pdf

FRANCO, D., y QUINTANILLA, A. (2020). *La protección de datos personales y el derecho al olvido en el Perú. A propósito de los estándares internacionales del Sistema Interamericano de los Derechos Humanos*. Derecho PUCP, (84), 271-299. https://doi.org/10.18800/derechopucp. 202001.009

GASCÓN, A. (2020). «La regulación del flujo de datos personales entre la unión europea y el reino unido tras el BREXIT». *Cuadernos de Derecho Transnacional,* 12(1), 231-246. https://doi.org/10.20318/cdt.2020.5187

GUASCH, V., y SOLER, J. (2016). «Computación en la nube y puerto seguro». *Revista de Derecho UNED*, (18), 331-346.

HERNÁNDEZ, J. (2019). *Nociones de hermenéutica e interpretación jurídica en el contexto mexicano*. Universidad Nacional Autónoma de México-Instituto de Investigaciones Jurídicas.

HERRÁN, A. (2003). *El derecho a la protección de datos personales en la sociedad de la información*. Universidad de Deusto.

INFOCYTE. (10 de agosto de 2021). *The Most Common Cloud Security Threats and How to Avoid Them*. https://www.infocyte.com/es/blog/2019/12/12/the-most-common-cloud-security-threats-and-how-to-avoid-them/

INFODF. (2018). *La protección de datos personales en América Latina: entre la Unión Europea y los Estados Unidos de Norteamérica* [Archivo PDF]. http://www.infodf.org.mx/seminariodatos2018/presentaciones/Ana_Brian.pdf

IT USER. (20 de mayo de 2019). *Ventajas e inconvenientes de la implantación de RGPD en las empresas*. https://tecnologiaparatuempresa.ituser.es/seguridad/2019/05/ventajas-e-inconvenientes-de-la-implantacion-de-rgpd-en-las-empresas

LASTDRAGER, E. (2018). *From fishing to phishing*. University of Twente

LEGUIZAMÓN, M. (2015). *El phishing*. [Trabajo de final de grado, Universitat Jaume]. http://repositori.uji.es/xmlui/bitstream/handle/10234/127507/TFG_Leguizam%C3%B3n_Mayra.pdf?sequence=1

LETURIA, F. (2016). «Fundamentos jurídicos del derecho al olvido. ¿Un nuevo derecho de origen europeo o una respuesta típica ante colisiones entre ciertos derechos fundamentales?» *Revista chilena de derecho*, 43 (1), 31-113. http://dx.doi.org/10.4067/S0718-34372016000100005

Ley estatutaria 1581 de 2012. Ley 1581 de 2012 por la cual se dictan disposiciones generales para la protección de datos personales. 17 de octubre de 2012.

Ley N.° 25.326. Ley de protección de datos personales. 04 de octubre de 2000.

Ley N.° 29733. Ley de Protección de Datos Personales. 3 de julio de 2011.

Ley N.° 30096. Ley de delitos informáticos. 22 de octubre de 2013.

LÓPEZ, D. (2013). «La "computación en la nube" o "cloud computing" examinada desde el ordenamiento jurídico español». *Revista de Derecho de la Pontificia Universidad Católica de Valparaíso*, (40), 689-709. http://dx.doi.org/10.4067/S0718-68512013000100021

LÓPEZ, N. (2018). *Las redes sociales y la violación al derecho a la intimidad en la ciudad de Huánuco 2016*. [Tesis de pregrado, Universidad de Huánuco]. http://repositorio.udh.edu.pe/bitstream/handle/123456789/1237/LOPEZ%20OCHAVANO%2C%20NORMAN%20CHRISTIAN.pdf?sequence=1&isAllowed=y

MARTÍNEZ, C., DE LA NUBE, Y., CRUZ, T., y ÁLVAREZ, M. (2018). «Seguridad por capas frenar ataques de Smishing». *Dominio de las Ciencias,* 4(1), 115-130. http://dx.doi.org/10.23857/dom.cien.pocaip.2017.4.1.enero.115-130

MARTÍNEZ, M. (2019). La nube como objeto material del delito del art. 197 del CP [Archivo PDF]. https://riull.ull.es/xmlui/bitstream/handle/915/15509/%22La%20nube%22%20como%20objeto%20material%20del%20delito%20del%20art.%20197%20del%20CP.%20.pdf?sequence=1

MORALES, E. y ALTAMIRANO, F. (2016). *Computación en la nube con Google Drive.* ESPOCH.

MORENO, A. (2019). «El derecho al olvido digital: una brecha entre Europa y Estados Unidos». *Revista de Comunicación,* 18(1), 259-276. https://doi.org/10.26441/RC18.1-2019-A13

MUÑOZ, L. (2018). *Protección penal de la intimidad personal en las redes sociales*. [Tesis de pregrado, Universidad Nacional del Altiplano]. http://tesis.unap.edu.pe/handle/UNAP/9897

NÁJAR, (2018). *Las cláusulas abusivas en la contratación masiva y la protección y defensa de los consumidores: una visión a la Resolución de N.° 243-2018/SPC.* [Trabajo Académico para optar al título de Segunda Especialidad, Pontificia Universidad Católica del Perú]. https://tesis.pucp.edu.pe/repositorio/handle/20.500.12404/13920

NAVAS, S. (2015). «Computación en la nube: Big Data y protección de datos personales». *Indret: Revista para el Análisis del Derecho*, 4, 1-48.

NOIAN, A. (2017). *La protección de la intimidad y vida privada en internet: la integridad contextual y los flujos de información en las redes sociales, (2004-2014)*. [Tesis de posgrado, Universidad Complutense de Madrid]. https://eprints.ucm.es/id/eprint/42196/

Nueva Ley DOF 05-07-2010. Ley federal de protección de datos personales en posesión de los particulares. 05 de julio de 2010.

Nueva Ley DOF 26-01-2017. Ley general de protección de datos personales en posesión de sujetos obligados. 26 de enero de 2017.

Nueva Ley DOF 05-07-2010. Reglamento de la ley federal de protección de datos personales en posesión de los particulares. 05 de julio de 2010.

Orozco, I. y Jacobo, O. (2016). «La nueva era de los negocios: computación en la nube». *Télématique*, 15(2), 172-191. https://www.redalyc.org/pdf/784/78457627005.pdf

Paredes, J. (2013). *De los delitos cometidos con el uso de sistemas informáticos en el distrito judicial de Lima, en el período 2009-2010* [Tesis de posgrado, Universidad Nacional Mayor de San Marcos]. https://cybertesis.unmsm.edu.pe/bitstream/handle/20.500.12672/10314/Paredes_pj.pdf?sequence=3&isAllowed=y

Pichihua, S. (21 de enero de 2021). *Cada mes hay más de 300 denuncias por delitos informáticos. Andina*. https://andina.pe/agencia/noticia-cada-mes-hay-mas-300-denuncias-delitos-informaticos-830617.aspx

Quiroz, R. (2016). *El Hábeas Data, protección al derecho a la información y a la autodeterminación informativa*. Letras, 87(126), 23-49. http://www.scielo.org.pe/pdf/letras/v87n126/a02v87n126.pdf

Recio, M. (2019). *Nivel adecuado para transferencias internacionales de datos*. Derecho PUCP, (83), 208-240. http://dx.doi.org/10.18800/derechopucp.201902.007

Red Iberoamericana de Protección de datos. (2017). *Estándares de protección de datos personales para los estados iberoamericanos*, RIPD, https://www.redipd.org/sites/default/files/inline-files/Estandares_Esp_Con_logo_RIPD.pdf

Red Iberoamericana de Protección de datos. (2021). *Recomendaciones para el tratamiento de datos personales mediante servicios de computación en la nube,* RIPD, https://www.redipd.org/sites/default/files/2021-04/recomendaciones-tratamiento-datos-personales-servicios-nube.pdf

Reglamento (UE) 2016/679 del Parlamento Europeo y del Consejo. 27 de abril del 2016.

Rengifo, E. (2013). *Computación en la nube. Revista de la propiedad inmaterial*, (17), 223-245.

Resolución de Secretaría de Gobierno Digital N.° 001-2018-PCM/SEGDI. Lineamientos para el Uso de Servicios en la Nube para entidades de la Administración Pública del Estado Peruano. 04 de enero de 2018.

Resolución del Parlamento Europeo, de 10 de diciembre de 2013, sobre la liberación del potencial de la computación en la nube en Europa (2013/2063 (INI)). (10 de diciembre de 2013). https://eur-lex.europa.eu/legal-content/ES/TXT/HTML/?uri=CELEX:52013IP0535&from=EN

Resolución Directoral N.° 030-2017-JUS/DGPDP. (Lima). (27 de marzo de 2017). Dirección General de Protección de Datos Personales. https://cdn.www.gob.pe/uploads/document/file/589491/RD-030-2017-DGPDP.pdf

Resolución Directoral N.° 041-2017-JUS/DGPDP. (Lima). (12 de mayo de 2017). Dirección General de Protección de Datos Personales. https://cdn.www.gob.pe/uploads/document/file/590130/RD-041-2017-DGPDP.pdf

Resolución Directoral N.° 045-2015-JUS-DGPDP. (Lima). (30 de Diciembre de 2015). Dirección General de Protección de Datos Personales. https://www.minjus.gob.pe/wp-content/uploads/2019/03/EXP-12-2015-RD-45-2015-DGPDP.pdf

Resolución Ministerial N.° 0326-2020-JUS. Metodología para el Cálculo de las Multas en materia de Protección de Datos Personales. 25 de diciembre de 2020.

RODRÍGUEZ, A. y PÉREZ, A. (2017). «Métodos científicos de identificación y de construcción del conocimiento». *Revista Escuela de Administración de Negocios*, (82), 179-200. https://doi.org/10.21158/01208160.n82.2017.1647

RODRÍGUEZ, GLADYS. (2019). «Computación en la nube: algunas consideraciones técnico-jurídicas». *LEX-Revista de la Facultad de Derecho y Ciencias Políticas*, 17 (23), 145-168. http://dx.doi.org/10.21503/lex.v17i23.1674

ROMERO, A. (2017). *Privacidad e intimidad en las redes sociales.* [Trabajo final de máster, Universidad Internacional de la Rioja]. https://reunir.unir.net/handle/123456789/6637

SILBERLEIB, L. (2016). «El derecho al olvido y la persistencia de la memoria. Información, cultura y sociedad» *Revista del Instituto de Investigaciones Bibliotecológicas*, (35), 125-136.

TOMEO, F. (6 de mayo de 2021). «Protección de la reputación online». *La Nación*. https://www.lanacion.com.ar/opinion/proteccion-de-la-reputacion-online-nid06052021/

SUPERINTENDENCIA DE INDUSTRIA Y COMERCIO. (s.f.). *Protección en los servicios computación en la nube (cloud computing)*, MINCOMERCIO INDUSTRIA Y TURISMO, https://www.sic.gov.co/sites/default/files/files/Nuestra_Entidad/Publicaciones/Cartilla_Proteccion_datos.pdf

ZANAZZI, J. (2014). *Cloud computing en Argentina: Normativa vigente y necesidad de adecuación de la misma para la protección de los datos personales en la nube*. [Trabajo de Integración Final de Abogacía]. https://repositorio.uade.edu.ar/xmlui/bitstream/handle/123456789/5346/ZANAZZI%2C%20JULIETA.pdf?sequence=1&isAllowed=y